解讀易經的奧祕　卷十七

出類拔萃多靈氣。

風靡中國十億人口
知名大師

曾仕強
教授◎著述

國家圖書館出版品預行編目資料

解讀易經的奧祕. 卷17, 出類拔萃多靈氣 /
曾仕強 著述. 陳祈廷 編著. -- 初版. -- 臺北市：
曾仕強文化, 2016.01
面；　公分
ISBN 978-986-92140-2-5（平裝）
1.易經　2.研究考訂
121.17　　104025492

解讀易經的奧祕・卷17

出類拔萃多靈氣

作　　者　曾仕強
發 行 人　廖秀玲
編　　著　陳祈廷
總 編 輯　陳祈廷
管 理 部　吳思緯
行 銷 部　邱俊清
主　　編　林雅慧
編　　輯　李秉翰
出 版 者　曾仕強文化事業有限公司
地　　址　台北市中正區重慶南路一段57號8樓之14
服務專線　＋886-2-2361-1379　＋886-2-2312-0050
服務傳真　＋886-2-2375-2763
版　　次　2023年7月二刷
I S B N　978-986-92140-2-5
定　　價　新台幣550元

【作者簡介】

曾仕強 教授

英國萊斯特大學管理哲學博士、台灣交通大學教授、與國管理學院首任校長、台灣師範大學教授、人類自救協會理事長、新人類文明文教基金會榮譽董事長。

曾教授學貫古今，數十年來醉心於中華文化和西方現代管理哲學之研究，在國學、企管、哲學、教育等諸多領域上，皆有極高深的造詣。三十年前，世界五百強企業尚無中國企業能躋身其間，曾教授便已洞察趨勢，率先提倡「中國式管理」學說，被譽為「中國式管理之父」。迄今，曾教授已巡迴全球，完成逾五千場以上之演講，為臺灣生產力中心調查「最受企業界歡迎的十大講師」之一。

近年來，曾教授應大陸中央電視台邀請，至「百家講壇」欄目，主講「經營之神胡雪巖的啟示」、「易經與人生」等主題，收視率勇奪全國之冠；二〇〇九年主講「易經的奧祕」系列；二〇一一～二〇一二年主講「易經的智慧」、「點評三國演義」；二〇一二年主講「道德經的奧祕」、「道德經的玄妙」，內容風靡全中國，不僅掀起一股國學復興浪潮，更被評選為第一名的國學大師。

曾教授著作有：《易經真的很容易》、《易經的乾坤大門》、《人人都不了了之》、《易經的中道思維》、《中國式管理》、《總裁魅力學》、《樂天知命的無憂人生》、《修己安人的領導魅力》、《為官之道》、《道德經的奧祕》……等數十本，其中《易經的奧祕》一書銷售量已突破五百萬冊，高居台灣與大陸各大書店文史哲類暢銷排行榜總冠軍。

前言——代序

研究易學的最終目的，在於透過象數以掌握義理。由於象數的價值能夠客觀呈現，而且不涉及文字，因此更容易發揮各人的想像力。人類的學問，不論古今中外，悉由「天垂象」而來，然後各人「心中有數」，因而產生不一樣的體會，悟出未必一致的義理。從中我們可以看出：象數是通向義理的最佳「中介」或「橋樑」。也可以說：把象數當作工具，藉以領悟義理，應該是良好而有效的學易途徑。

但是，過分看重象數，把〈繫辭．上傳〉所說的：「聖人設卦觀象，繫辭焉而明吉凶」，當做不易的準則，認定六十四卦的卦爻辭，乃至於易傳的每一字句，都具有其象數上的根據，因而投注大量精力，務求對經、傳的每一字句，一一尋找具體的象數來加以解釋，那就不免流於煩瑣偏頗，反而容易助長像王弼那樣，把象數一掃而空，認定只有義理才是易學的精髓，卻忘了象數原本是易學的根基所在。

象數的研究，從西漢開始，便代有其人，迄今不衰。孟喜的卦氣說，依據〈說卦傳〉所說的：「帝出乎『震』，齊乎『巽』，相見乎『離』，致役乎『坤』，說言乎『兌』，戰乎『乾』，勞乎『坎』，成言乎『艮』。」把萬物的生長，和八卦緊密地連繫起來，認為萬物產生於象徵春分的震卦，一齊生長於象徵立夏的巽卦，繁茂顯現於象徵夏至的離卦，獲得役養於象徵立秋的坤卦，成熟欣悅於象徵秋分的兌卦，交接配合於象徵立冬的乾卦，疲勞止息於象徵冬至的坎卦，然後成其舊功而將重新萌發於象徵立春的艮卦。接下來〈說卦傳〉又指出：

「萬物出乎『震』，『震』東方也。齊乎『巽』，『巽』東南也；齊也者，言萬物之絜齊也。『離』也者，明也，萬物皆相見，南方之卦也；聖人南面而聽天下，嚮明而治，蓋取諸此也。『坤』也者，地也，萬物皆致養焉，故曰致役乎『坤』。『兌』，正秋也，萬物之所說也，故曰說言乎『兌』。戰乎『乾』，『乾』，西北之卦也，言陰陽相薄也。『坎』者，水也，正北方之卦也，勞卦也，萬物之所歸也，故曰勞乎『坎』。『艮』，東北之卦也，萬物之所成終而所成始也，故曰成言乎『艮』。」把八卦的方位和時令結合一起，雖然沒有提及五行相生相尅的變化，卻十分明顯地，是戰國時期五行學說盛行下的產物，形成大家常說的「後天八卦圖」。因為其中乾、坤的位置，已經從「先天八卦圖」的正南和正北，移到西北和西南。當初或許是居於政治號召的需要，文王為了伐紂，才會把象徵王權的乾坤，挪移到象徵西岐的方位，後來卻被大量地引用，弄出很多象數的花樣。

孟喜在四時八方之外，又配合十二月、二十四節氣、七十二侯，甚至於將公、辟、侯、大夫、卿的官位也加進去，構成一個龐大的占斷災異理論體系。其中十二月卦氣的盛衰消長被廣泛引用，流傳得十分久遠。

「辟」的意思是「君」，「十二辟卦」實即「十二個月的君位」。從農曆十一月復卦（䷗）一陽來復開始，大雪節氣之後，地面上為冰雪所封，而地下生機微陽動於下，歷經十二月臨卦（䷒）、正月泰卦（䷊）、二月大壯卦（䷡）、三月夬卦（䷪），到四月乾卦（䷀），已經陰消陽息。再由五月姤卦（䷫）到十月坤卦（䷁），陽氣全消。重要的功能，仍在於觀辟卦之理，以領悟天地造化與人事物理的消息盈虛，從而找到安身立命的良方。

把五行摻入陰陽，甚至於將天干、地支也拉進來，原本無可厚非，因為易道廣大，可以包容一切。用易道來解說五行、天干、地支，應該是順理而成章。倘若反客為主，認為易學的主要內涵或作用即為象數，因此用五行、天干、地支來代表易道，那就不免失之於偏，無法周全了。

山東有孟喜，河南則有京房。他喜好音律，依據八卦原理，用「三分損益法」，將十二律擴展為六十律。又擅長於通過六十四卦分值四季氣候，以解說災異、占驗人事吉凶。漢元帝初元四年，被立為《易經》博士，曾屢次上疏元帝，以自然災變預測政治情勢的變化，大多應驗。但是，也由於牽涉到政治，因此經常遭受公卿大臣的攻擊，終於在「誹謗政治，歸惡天子」的罪名下，遭下獄處死，年僅四十一歲。

京房的八宮卦圖，是將六十四卦畫納於八宮之中。他把八經卦各自相重的六爻卦稱為「八純卦」，分成八宮。乾（䷀）為乾宮、震（䷲）為震宮、坎（䷜）即坎宮、艮（䷳）為艮宮、坤（䷁）為坤宮、巽（䷸）為巽宮、離（䷝）即離宮，而兌（䷹）則為兌宮。每一宮含有七個卦，都是由這一宮的純卦所變出來的。八宮共六十四卦，再加上「納甲」、「世應」、「五行」、「六親」、「飛伏」等因素，構成一套龐大而變化多端的占斷術，迄今仍為很多術家所用，我們也將略加介紹，藉供參考。

三國時代，孫權的謀士虞翻，提出「納甲」、「旁通」、「卦變」等條例，自認為受命於天，理應精通周易。孫權曾稱讚他「真可以與東方朔相匹敵」，卻由於自恃甚高，經常口不擇言，即使被孫權流放汴洲，仍不改本色。

虞翻的易學，以孟喜的卦氣為主，兼納其他各家。晉朝永嘉之亂，使漢代易學散失殆盡，所以虞翻的易學，成為後人研究漢易極為重要的資料。

與虞翻前後，三國魏山陽，即現今河南焦作附近，出了一位青年才俊王弼。他才華洋溢，一反前人舊習，以「掃象數，闡玄理」為己任，卻不幸於二十四歲時，便身染痢疾而亡。但是他的學說，在晉以後非常盛行，有獨冠於世的美譽。王弼的「易注」，在唐代幾乎成為主流。

宋代道士陳摶（ㄊㄨㄢˊ），以圖為說，形成宋代特有的先天象數學。邵雍字堯夫，諡康節，與周敦頤、張載、程顥、程頤合稱五子，繼續加以深究發揚。到了南宋，朱熹博覽群書，建立完整的理學體系。他的《周易本義》，成為元、明、清三朝科舉考試長期沿用的易學範本。

邵雍以伏羲氏為名，推出其先天易圖；又以文王為名，提出後天易圖。認為先天方位為本，而後天方位為用。固然引起很多爭議，卻也造成極大的影響。北宋盛傳「河圖」、「洛書」的精蘊，「太極圖」的奧祕，成為當時象數學的重要依據。

中山先生在孫文學說中，把中國的歷史，劃分為兩個時期：周以前為進步的，而周以後則是退步的。為什麼呢？因為周以前，十分重視數學及創造發明；周以後太過重視君主專制，過分崇尚科舉，反而忽略了數學和創造發明。現代人研究《易經》，最好正本清源，以伏羲八卦為根本，採取老子、孔子、孟子的觀點，儒道合一，義理與象數兼顧並重。務求透過象數，來確實掌握義理。現代科技發達，更應該盡量加以運用，做為研究、說明和應用的輔助。

「太極」可以視為「道」、「无」、「一」的同名，相當於現代所說的五度空間（上下、左右、前後、時間、陰陽）。上下、左右、前後是我們十分熟悉的長、寬、高，也就是三度空間。人類在這裡可以飛天入海，已經令人驚奇不已。愛因斯坦首先指出時間並不是絕對的，在不一樣的空間內，時間的快慢實際上並不相同。他將三度空間，結合相對的時間，提出相對論，使我們明白穿越時光隧道的可能性，形成了四度空間。易卦六爻，老早就告訴我們：空間有三度，時間也有三度，加起來就構成了六度空間。只不過我們習慣於把看不見的空間稱為「鬼神」。〈繫辭・上傳〉說：「六爻之動，三極之道也。」明白告訴我們：所有事物都同時包含「有形」和「無形」，也就是「物質」與「波動」的特性，只是陰（物質）、陽（波動）的比例，稍有不同而已。五度空間可以幫助我們貫穿陰陽，六度空間更能夠使我們順應自然律而心想事成。二十一世紀靈學有機會成為顯學，鬼與神應該成為無形宇宙中的靈氣。

對於靈氣的認識，有賴於各人的觀照和領悟。而無形的重力場、雲磁場，也並非不可能加以理解的。冀望未來《易經》在這一方面，能有所啟迪與貢獻！

曾仕強 謹識於台灣師範大學

編者序

中國人非常重視「修身」的工夫，並將之視為「齊家、治國、平天下」的基礎。修身以養氣為主——「氣」是宇宙能量的總稱，而人則是萬物之「靈」，所以在炎黃子孫的身上，充滿了上天所賦予我們的「靈氣」，使我們成為一個靈巧、靈通、靈敏、靈活，具有獨特靈性的人。在萬物之中，唯有人類出類拔萃，擁有這種得天獨厚的靈氣，能夠接收到來自宇宙自然所傳遞的信息，足以擔負起「參贊天地之化育」的任務，因此，我們更應該正視自己的責任，珍惜人身難得的機緣，以實際行動與付出，讓地球村一天比一天更進化、更美好。

要強化人類的靈氣，及早達到天人合一的境界，多研讀《易經》、明白易理，絕對是條正確而可行的途徑。曾教授告訴我們：「人類的學問，不論古今中外，悉由『天垂象』而來，然後各人『心中有數』……把象數當作工具，藉以領悟義理，應該是良好而有效的學易途徑。」因此在本書中，曾教授特別深入剖析易學中關於「象數」方面的研究，介紹：八宮卦的形成、孟喜卦氣說的內涵、京房的占筮體系、虞翻的系統卦變說等等，藉此幫助讀者對易學的淵源，能有更進一步的認識與瞭解。

另外，曾教授也以「漸、歸妹、萃、升」這四卦為例，解說卦爻間的互動關係，及其應用於日常生活中的啟示——漸卦是循序漸進的道理，主張事緩則圓；歸妹為女子于歸，講求謹守倫常；萃卦表現凝聚的動力，務求堅持誠信；升卦顯示攀升的力量，不妨借力使力，順勢而升。

對炎黃子孫而言，人活著就是爭一口氣！「氣」代表人的意志，雖然肉眼看不見，卻十分重要。而「卦氣」，則說明了天地陰陽消長的變化，透露出大自然的信息。我們所要努力的目標，就是順天理而行，讓來自上天的信息，能夠通達於人類的意志——只要通的人多了，社會風氣自然就會日漸端正與祥和。

曾仕強文化總編輯　陳祈廷

目錄

作者簡介 03

前言——代序 04

編者序 09

第一章 八宮卦是怎麼形成的？ 15

一、六十四卦都從八卦變成 16

二、乾一兌二各有八種情景 18

三、離三震四也有七種變卦 20

四、巽五坎六稱為巽宮坎宮 22

五、艮宮坤宮同樣有所變化 24

六、八宮的遊魂歸魂自然數 26

我們的建議 28

第二章 卦氣說有何主要內涵？ 29

一、西漢孟喜揭開卦氣序幕 30

二、京房聰慧可惜運氣不好 32

三、虞翻提出系統的卦變說 34

四、六十四卦都由乾坤變來 36

五、氣的變化背後有其理在 38

六、現代最重要在端正風氣 40

我們的建議 42

第三章 量變和質變有何關係？ 43
一、遊魂表示精氣神未合一 44
二、遊魂表達陰陽循環現象 46
三、歸魂卦並不是回歸本卦 48
四、遊魂的下卦與本卦相錯 50
五、遊魂是漸變過程的拐點 52
六、歸魂是防止質變的關卡 54
我們的建議 56

第四章 為什麼四爻那麼重要？ 57
一、遊魂歸魂是心易方便法 58
二、以和為貴才是決斷之道 60
三、坎宮演化重在知險脫險 62
四、離宮以同人來避免爭訟 64
五、隨時保持定力合理震動 66
六、最後的歸魂卦叫做歸妹 68
我們的建議 70

第五章 漸卦六爻說些什麼事？ 71
一、少年涉世須知世途艱險 72
二、地位稍為穩固必須盡責 74
三、離叛群類勢將一去不返 76
四、進程中抱持卑巽較穩妥 78
五、誠心求賢終必如願以償 80
六、威儀可瞻有賴行止不亂 82
我們的建議 84

第六章 歸妹卦為什麼不善終？ 85
一、嚴守長幼有序化危為安 86
二、彼此體諒才能守常有利 88
三、既然答應在先就應守分 90
四、要不要追隨應思慮周詳 92
五、品德重於才氣謙能受益 94
六、虛情假意不會有好結果 96
我們的建議 98

第七章 怎樣看待漸卦和歸妹？ 99
一、人生的目的在求得好死 100
二、歸妹可以視為漸的終了 102
三、在漸變中尋找合理歸妹 104
四、歸妹是人生大事要慎重 106
五、由爻變看女歸如何漸進 108
六、彼此和悅才是理想歸妹 110
我們的建議 112

第八章 萃卦為什麼列在兌（ㄉㄨㄟˋ）宮？ 113
一、誠信為促進團結的因素 114
二、態度不同內心誠信一致 116
三、未能團結自然覺得苦悶 118
四、鞏固領導中心至為必要 120
五、人心有所歸附自然團結 122
六、求聚不得也應知危免害 124
我們的建議 126

第九章 升卦和震宮有何關係？ 127
一、秉持誠信由漸升進而吉 128
二、心存誠信還要謹慎小心 130
三、升進過分順利後果難料 132
四、恆久堅持誠信可保无咎 134
五、步步高升當然大為得志 136
六、只有德業可以升而不息 138
我們的建議 140
第十章 萃和升有哪些卦中卦？ 141
一、萃卦有五個六爻卦中卦 142
二、升卦同樣有五個互體卦 144
三、萃是兌宮最重要的關鍵 146
四、升是震宮最危險的信號 148
五、遊魂歸魂都能推理判斷 150
六、升不來與萃聚重大啟示 152
我們的建議 154
結語 155
附錄 二十一世紀最好以哲理明天道 157

《第一章》

八宮卦
是怎麼形成的？

乾一兌ㄉㄨㄟˋ二離三到艮ㄍㄣˋ七坤八，
代表八個基本卦的排列次序。

京房是漢代易學家，
把八個基本卦分成八宮。

明朝來知德，重新加以排列，
成為來氏八卦變六十四卦表。

認為象與易有如形與影，
先通乎象，然後可以明易理。

京房和來知德的八宮卦，
內容相同，只是排列的次序不同。

本章的第一節，先依京房的次序說明，
二至五節，則按來氏次序分別加以敘述。

一・六十四卦都從八卦變成

《易經》的「六十四卦」，是由八個基本卦，也就是通常所說的「八卦」加以排列組合而成。漢代易學家，從卦氣的角度來加以分析，認為天地是萬物的生機所在，天為陽氣，而地即陰氣。天的陽氣與地的陰氣相互交感，萬物得以化生。乾象徵天而坤象徵地，乾陽坤陰二氣的消長，陽息（長）則陰消（失），陰息則陽消。

在易學家當中，表現最突出的首推京房。他依據陰陽二氣消長的變化，製作八宮卦圖，以乾（☰）、震（☳）、坎（☵）、艮（☶）、坤（☷）、巽（☴）、離（☲）、兌（☱）八個基本卦，各立一宮，分別依不變（本卦）、一變（初爻變）、二變（初、二爻變）、三變（初至三爻變）、四變（初至四爻變）、五變（初至五爻變）、遊魂（初、二、三、五爻變）與歸魂（本卦的五爻變）加以排列。八宮各有八種變化，合為六十四卦，其要則如下述：

1 由下而上，順序漸變，表示易氣由下生。

2 本卦維持不變，本卦的初爻變為一變；初、二爻一起變為二變；初至三爻齊變為三變；初至四爻一起變為四變；初至五爻同時變即為五變。

3 接下來，復還於四爻變，也就是將初至五爻變所成的卦，亦即五變那一卦，其中第四爻再變回原來的爻性，因此稱為「遊魂卦」。最後，把遊魂卦的下卦變回本卦原來的下卦（內卦），所以叫做「歸魂卦」。

站在象數的立場，這也是一種卦氣的排列組合。表示六十四卦，都由八卦的陰陽二氣交互變化而成。

	不變	一變	二變	三變	四變	五變	遊魂	歸魂
乾宮	乾	姤(ㄍㄡˋ)	遯(ㄉㄨㄣˋ)	否(ㄆㄧˇ)	觀	剝	晉	大有
震宮	震	豫	解	恆	升	井	大過	隨
坎宮	坎	節	屯(ㄓㄨㄣ)	既濟	革	豐	明夷	師
艮(ㄍㄣˋ)宮	艮(ㄍㄣˋ)	賁(ㄅㄧˋ)	大畜(ㄒㄩˋ)	損	睽(ㄎㄨㄟˊ)	履	中孚	漸
坤宮	坤	復	臨	泰	大壯	夬(ㄍㄨㄞˋ)	需	比
巽(ㄒㄩㄣˋ)宮	巽(ㄒㄩㄣˋ)	小畜(ㄒㄩˋ)	家人	益	无妄	噬(ㄕˋ)嗑(ㄏㄜˊ)	頤	蠱(ㄍㄨˇ)
離宮	離	旅	鼎	未濟	蒙	渙	訟	同人
兌(ㄉㄨㄟˋ)宮	兌(ㄉㄨㄟˋ)	困	萃	咸	蹇(ㄐㄧㄢˇ)	謙	小過	歸妹

二、乾一兌二各有八種情景

北宋邵康節，排列出「乾一兌二離三震四巽五坎六艮七坤八」之後，明朝來知德，便依照這種自然數的排列，重新安排八宮。茲先以乾一為例，說明如下：

乾（䷀）為天，是本卦。初爻由陽變陰，成為天風姤（䷫）；初、二爻變，即成天山遯（䷠）；初、二、三爻變，便是天地否（䷋）；初至四爻變，就是風地觀（䷓）；初至五爻變，那就是山地剝（䷖）；這時第四爻變回原貌，即為火地晉（䷢）；最後下卦回歸原來的天（☰），便成為火天大有（䷍）。換句話說，乾（䷀）為本卦不變。一變成天風姤（䷫），二變為天山遯（䷠），三變即天地否（䷋），四變成風地觀（䷓），五變為山地剝（䷖）。倘若再變下去，就成為坤（䷁），也就是乾（䷀）的錯卦，走入另外一宮了。所以復還四爻變，為火地晉（䷢），稱為遊魂卦。接下來下卦為本卦，即成火天大有（䷍），叫做歸魂卦。乾卦八個卦，至此完成。

兌宮的變化，情況相同。

兌（䷹）為澤，稱為兌宮本卦，不變。初爻變為一變，成為澤水困（䷮）；二變即初、二爻齊變，便是澤地萃（䷬）；三變表示初至三爻變，成為澤山咸（䷞）；四變就是初至四爻全變，即成水山蹇（䷦）；五變是初至五爻同時變，成為地山謙（䷎）。復還於四爻變，為雷山小過（䷽），稱為遊魂卦。最後歸本卦，就是雷澤歸妹（䷵），叫做歸魂卦。

依此類推，「乾一兌二離三震四巽五坎六艮七坤八」，各有八個卦。其中象的變化，都不外乎陰陽互變，彼此消長。

乾一變

本卦 ䷀ 乾為天

初爻變 ䷫ 天風姤（ㄍㄡˋ）

二爻變 ䷠ 天山遯（ㄉㄨㄣˋ）

三爻變 ䷋ 天地否（ㄆㄧˇ）

四爻變 ䷓ 風地觀

五爻變 ䷖ 山地剝

復還四爻變 ䷢ 火地晉

歸本卦 ䷍ 火天大有

兌（ㄉㄨㄟˋ）二變

本卦 ䷹ 兌（ㄉㄨㄟˋ）為澤

初爻變 ䷮ 澤水困

二爻變 ䷬ 澤地萃

三爻變 ䷞ 澤山咸

四爻變 ䷦ 水山蹇（ㄐㄧㄢˇ）

五爻變 ䷎ 地山謙

復還四爻變 ䷽ 雷山小過

歸本卦 ䷵ 雷澤歸妹

三、離三震四也有七種變卦

接著看離三變，也就是離宮的變化：

離（䷝）為火。初爻變為火山旅（䷷），二爻變成火風鼎（䷱），三爻變即火水未濟（䷿），四爻變為山水蒙（䷃），五爻變成風水渙（䷺），復還四爻變即天水訟（䷅）也就是遊魂卦，而歸本卦即為天火同人（䷌），稱為歸魂卦。

我們回頭看乾宮的變卦，天風姤（䷫）、天山遯（䷠）都有天（☰）；天地否（䷋）有天（☰）也有地（☷）；風地觀（䷓）、山地剝（䷖）、火地晉（䷢）都有地（☷）；而火天大有（䷍）則有天（☰）。乾宮八卦都離不開天（☰）與地（☷）。兌宮的變卦，澤水困（䷮）、澤地萃（䷬），都有澤（☱）；澤山咸（䷞）有澤（☱）也有山（☶）；水山蹇（䷦）、地山謙（䷎）、雷山小過（䷽）都有山（☶）；而雷澤歸妹（䷵）則有澤（☱），可見兌宮離不開澤（☱）或山（☶）。而離宮的八卦，離不開火（☲）或水（☵）。

震宮八卦，離不開雷（☳）或風（☴）。我們看震宮的變卦，便能明瞭。

震（䷲）為雷。初爻變為雷地豫（䷏），二爻變成雷水解（䷧），三爻變即是雷風恆（䷟），四爻變成為地風升（䷭），五爻變便是水風井（䷯），復還四爻變，成為遊魂卦澤風大過（䷛），而歸本卦即是歸魂卦澤雷隨（䷐）。

其中震卦（䷲）為雷（☳），雷地豫（䷏）、雷水解（䷧）都有雷（☳）；雷風恆（䷟）有風（☴）也有雷（☳）；地風升（䷭）、水風井（䷯）、澤風大過（䷛）都有風（☴）；而澤雷隨（䷐）則有雷（☳），是不是全都離不開雷（☳）或風（☴）呢？

離三變

本卦 ䷝ 離為火

初爻變 ䷷ 火山旅

二爻變 ䷱ 火風鼎

三爻變 ䷿ 火水未濟

四爻變 ䷃ 水山蒙

五爻變 ䷺ 風水渙

復還四爻變 ䷅ 天水訟

歸本卦 ䷌ 天火同人

震四變

本卦 ䷲ 震為雷

初爻變 ䷏ 雷地豫

二爻變 ䷧ 雷水解

三爻變 ䷟ 雷風恒

四爻變 ䷭ 地風升

五爻變 ䷯ 水風井

復還四爻變 ䷛ 澤風大過

歸本卦 ䷐ 澤雷隨

四 ✿ 巽五坎六稱為巽宮坎宮

巽宮八個卦，從本卦巽為風（䷸）開始。初爻變成為風天小畜（䷈）；二爻變是風火家人（䷤）；三爻變為風雷益（䷩）；四爻變就是天雷无妄（䷘）；五爻變成為火雷噬嗑（䷔）；復還四爻變是遊魂卦山雷頤（䷚）；而歸本卦即為歸魂卦山風蠱（䷑）。巽宮八卦，都離不開風（☴）或雷（☳）。

再看坎宮八個卦，同樣從坎為水（䷜）開始。初爻變成為水澤節（䷻），二爻變即是水雷屯（䷂），這兩卦都有水（☵）也有火（☲）。三爻變成為水火既濟（䷾），有水（☵）。四爻變就是澤火革（䷰），五爻變便成為雷火豐（䷶），都有火（☲）。復還四爻變就是遊魂卦地火明夷（䷣），有火（☲）；而歸本卦便是歸魂卦地水師（䷆）其中有水（☵）。可見坎宮八卦，都離不開水（☵）或火（☲）。

乾宮離不開天（☰）或地（☷），兌宮離不開澤（☱）或山（☶），離宮離不開火（☲）或水（☵），震宮離不開雷（☳）或風（☴），巽宮和震宮一樣，離不開風（☴）或雷（☳），坎宮則和離宮一樣，離不開水（☵）或火（☲）。我們由此可以推知：艮宮和兌宮一樣，離不開山（☶）或澤（☱）。坤宮也和乾宮一樣，離不開地（☷）或天（☰）。這是什麼道理呢？

〈說卦傳〉指出：「天地定位，山澤通氣，雷風相薄，水火不相射，八卦相錯。」天（☰）和地（☷）相錯，一高一低，各有其位。山（☶）和澤（☱）相錯，互通氣息。雷（☳）和風（☴）相錯，彼此應和。而水（☵）和火（☲）也相錯，不彼此厭棄而相通。

巽五變

本卦　巽為風
初爻變　風天小畜
二爻變　風火家人
三爻變　雷風益
四爻變　天雷无妄
五爻變　火雷噬嗑
復還四爻變　山雷頤
歸本卦　山風蠱

坎六變

本卦　坎為水
初爻變　水澤節
二爻變　水雷屯
三爻變　水火既濟
四爻變　澤火革
五爻變　雷火豐
復還四爻變　地火明夷
歸本卦　地水師

五、艮宮坤宮同樣有所變化

接下來，我們要看艮宮的變化，同樣從艮為山（䷳）開始。

初爻變成為山火賁（䷕），二爻變即為山天大畜（䷙），三爻變便是山澤損（䷨），四爻變即為火澤睽（䷥），五爻變就是天澤履（䷉），復還四爻變成為遊魂卦風澤中孚（䷼），而歸本卦便是歸魂卦風山漸（䷴）。

這樣看起來，艮宮和兌宮一樣，離不開山（☶）或澤（☱）。

至於坤宮的變化，當然從坤為地（䷁）開始。

初爻變成為地雷復（䷗），二爻變即為地澤臨（䷒），三爻變就成為地天泰（䷊），四爻變便是雷天大壯（䷡），而五爻變即成為澤天夬（䷪），復還四爻變成為遊魂卦水天需（䷄），歸本卦即為歸魂卦水地比（䷇）。

可見坤宮和乾宮一樣，離不開地（☷）或天（☰）。

京房八宮，從本卦（乾（䷀）、兌（䷹）、離（䷝）、震（䷲）、巽（䷸）、坎（䷜）、艮（䷳）、坤（䷁））到五爻變所成的卦（山地剝（䷖）、地山謙（䷎）、風水渙（䷺）、水風井（䷯）、火雷噬嗑（䷔）、雷火豐（䷶）、天澤履（䷉）、澤天夬（䷪）），可以說到了變之極，因為一旦六爻變，就成為本卦的錯卦，進入到另外一宮了。所以五爻變之後，採取復還於四爻變的方式，也就是把五爻變所成的卦，第四爻恢復原本的爻性，因此稱為遊魂卦。既然第四爻可以恢復原來面貌，下卦也就順勢恢復本卦內卦的樣子，於是出現了歸魂卦。每一宮的遊魂卦和歸魂卦，上卦都一樣，而下卦也剛好彼此互錯，顯得十分自然而調和。

艮（ㄍㄣˋ）七變

本卦 ䷳ 艮（ㄍㄣˋ）為山

初爻變 ䷕ 山火賁（ㄅㄧˋ）

二爻變 ䷙ 山天大畜（ㄒㄩˋ）

三爻變 ䷨ 山澤損

四爻變 ䷥ 火澤睽（ㄎㄨㄟˊ）

五爻變 ䷉ 天澤履

復還四爻變 ䷼ 風澤中孚

歸本卦 ䷴ 風山漸

坤八變

本卦 ䷁ 坤為地

初爻變 ䷗ 地雷復

二爻變 ䷒ 地澤臨

三爻變 ䷊ 地天泰

四爻變 ䷡ 雷天大壯

五爻變 ䷪ 澤天夬（ㄍㄨㄞˋ）

復還四爻變 ䷄ 水天需

歸本卦 ䷇ 水地比

六・八宮的遊魂歸魂自然數

由於乾（䷀）坤（䷁）兩卦相錯，所以乾宮和坤宮所屬的八個卦，也都彼此相錯。一變姤（䷫），二變遯（䷠），三變否（䷋）錯泰（䷊），四變觀（䷓）錯大壯（䷡），五變剝（䷖）錯夬（䷪），遊魂晉（䷢）錯需（䷄），歸魂大有（䷍）錯比（䷇）。兩兩相錯，完全彼此對應。同理可知兌（䷹）與艮（䷳）、離（䷝）與坎（䷜）、震（䷲）與巽（䷸）的情況，也和乾（䷀）與坤（䷁）相同，全部互錯。「錯」的意思，是互相對待，形容陰陽二氣彼此相對待的自然現象，也就是〈說卦傳〉所說「八卦相錯」的情況。「錯卦」也可以稱為「對卦」、「類卦」或「旁通卦」，名異而實同。因為天地造化，孤陰獨陽不能生成，必須陰陽相錯、天地交泰，然後萬物得以滋長，而宇宙得以長存。

每宮的歸魂卦，代表這一宮演化的最後結局。乾宮為大有（䷍），表示乾宮經由姤（䷫）、遯（䷠）、否（䷋）、觀（䷓）、剝（䷖）、晉（䷢）的演化，最後歸於大有。歸魂卦的前一階段，稱為遊魂，象徵本卦經由不變而一變、二變、三變、四變到了五變，已經是變之極。於是回頭把第四爻的原魂招回來，這才稱為遊魂卦。接下來，順勢把下卦的原魂也招回來，稱為歸本卦，術家把它叫做歸魂卦。乾宮遊魂、歸魂都有火（☲），離宮這兩卦都有天（☰）。乾宮歸魂為火天大有（䷍），離宮歸魂為天火同人（䷌）。兌宮歸魂為雷澤歸妹（䷵），震宮歸魂為澤雷隨（䷐）。巽宮與艮宮，坎宮與坤宮，也有同樣的情況，全都是自然數的呈現。

宮		卦		宮		卦
乾宮	遊魂	火地晉	V.S.	離宮	遊魂	天水訟
	歸魂	火天大有			歸魂	天火同人
		都有火				**都有天**
兌（ㄉㄨㄟˋ）宮	遊魂	雷山小過	V.S.	震宮	遊魂	澤風大過
	歸魂	雷澤歸妹			歸魂	雷澤隨
		都有雷				**都有澤**
巽（ㄒㄩㄣˋ）宮	遊魂	山雷頤	V.S.	艮（ㄍㄣˋ）宮	遊魂	風澤中孚
	歸魂	山風蠱（ㄍㄨˇ）			歸魂	風山漸
		都有山				**都有風**
坎宮	遊魂	地火明夷	V.S.	坤宮	遊魂	水天需
	歸魂	地水師			歸魂	水地比
		都有地				**都有水**

1 明朝來知德（一五二六——一六〇四）認為解卦必須明象，不能捨象言理。他提出「爻變說」，指稱任何卦只要其中的一爻變，整個卦的卦名、卦象、爻象，以及錯綜關係，都會跟著有所改變，果真是牽一髮而動全身。

2 早在漢代，京房（公元前七七——公元前三七）已經將六十四卦重新加以組合，依乾、震、坎、艮（ㄍㄣˋ）、坤、巽（ㄒㄩㄣˋ）、離、兌（ㄉㄨㄟˋ）八宮，製作八宮圖，以爻象變化來描述陰陽消長的過程。

3 八宮圖表示陰陽變化，是一種由下而上、有次序的漸變過程。變到了極點，便轉為由上而下，顯現了循環往復的規律。每一宮的一個本卦，加上七個變卦，合起來八個。八八六十四，正好總數為六十四卦。

4 遊魂的意思，是本卦五變之後，第四爻先恢復本卦的爻象。由於仍然停留在外卦的位置，尚未回到內卦，好比靈魂在外遊盪未歸那樣，因而稱為「遊魂卦」。

5 歸魂卦由遊魂卦更近一步，內卦也恢復本卦原有的爻象。有如靈魂由外歸返到內，全卦只剩下第五爻的爻象與本卦不同，其餘各爻均已歸返原位，所以叫做「歸魂卦」。

6 八宮的變化，主要來自卦氣說的流行。我們最好先把它的基本法則做出一番瞭解，然後再順著它的發展來加以探索，應該就會更有心得。

《第二章》

卦氣說
有何主要內涵？

卦氣說可以印証一年當中的氣候變化，
以及陽長陰消和陰長陽消的整體配合。

正常的卦氣，稱為正氣，亦即浩然之氣；
反常的卦氣，叫做亂氣，具有破壞的力量。

卦氣的交互流轉，可以產生卦變，
造成各種錯綜複雜的不同卦象。

乾陽氣與坤陰氣的交互作用，
變化出其餘六十二種卦象，互有牽連。

氣的變化，背後有一定的道理，
可以把它歸納出來，反過來解釋卦氣的變化。

氣代表意志、信息，看不見卻不可忽略，
若是人不能與大自然通信息，怎麼能夠天人合一呢？

一、西漢孟喜揭開卦氣序幕

西漢宣帝時，孟喜以卦氣說來印證一年當中的氣候變化，以及陽長陰消和陰長陽消的整體配合。從一陽來復的復卦（䷗）開始，代表冬季的十一月，到六爻皆陽的乾卦（䷀），象徵夏季的四月，是為「陽長陰消」。接下來，一陰初現的姤（ㄍㄡˋ）卦（䷫），代表夏季的五月，一直到六爻皆陰的坤卦（䷁），象徵冬季的十月，即為「陰長陽消」的月份。把農曆節氣的變化，與六十四卦相呼應，很可能是由於秦始皇焚書坑儒，使漢代士人心有餘悸，相信在讀書明理之餘，如何占斷吉凶災異以求自保，更是必要的術數。因此象數易學，成為了兩漢易學的主流，而孟喜的卦氣說，正是它的序幕。其詳細情況大多已經失傳，我們把僅存的一些要則分述如下：

1 以坎（䷜）、離（䷝）、震（䷲）、兌（ㄉㄨㄟˋ）（䷹）為四正卦，這四卦的二十四爻，分主一年的二十四節氣。坎初六主冬至，離初九主夏至，震初九主春分，而兌（ㄉㄨㄟˋ）初九主秋分。其餘二十爻，也各主一氣，用以象徵方位和時節，意義重大。

2 其餘六十卦，除以一年十二個月，正好每五卦值一月。大抵起於中孚（䷼）而終於頤（䷚），象徵萬物萌芽，一直到獲得頤養的卦氣變化。

3 主要依據，在於〈說卦傳〉所說的「帝出乎震」。天地造化的宇宙萬物，產生於象徵春分的震卦，一齊成長繁茂於象徵夏至的離卦，成熟欣悅於象徵秋分的兌（ㄉㄨㄟˋ）卦，疲乏止息於象徵冬至的坎卦。用來做為占驗靈異之需，發展出多種「易緯」，這些都是術的應用。

孟喜四正卦二十四節氣

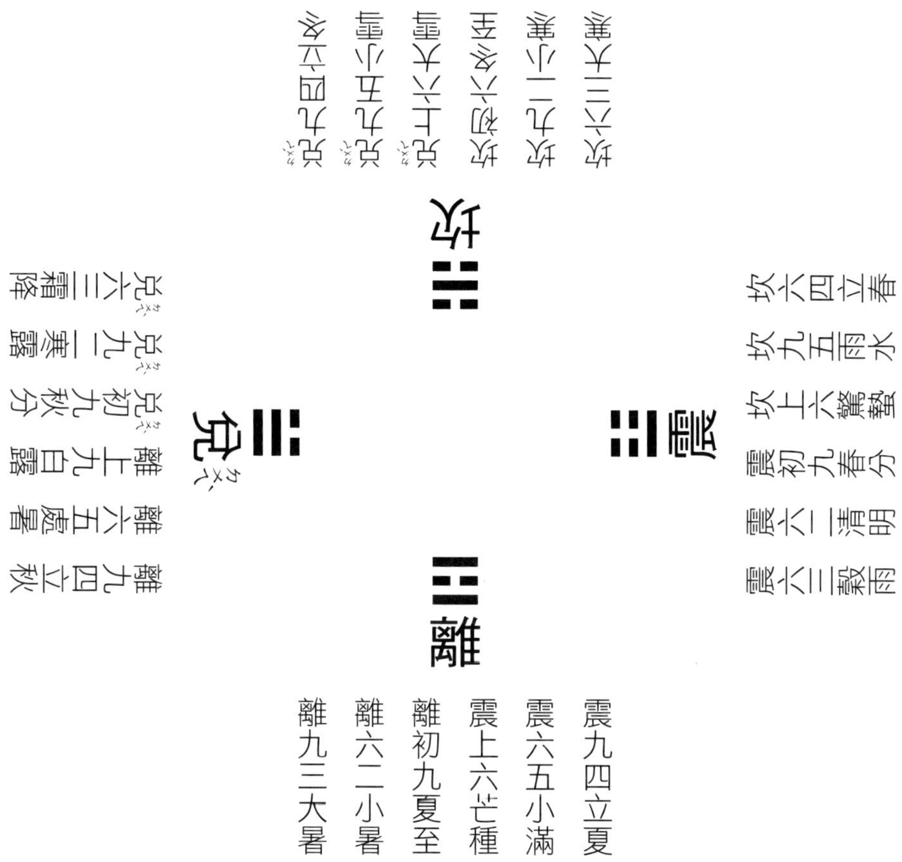
坎
兌九四立冬
兌九五小雪
兌上六大雪
坎初六冬至
坎九二小寒
坎六三大寒
震
坎六四立春
坎九五雨水
坎上六驚蟄
震初九春分
震六二清明
震六三穀雨
離
震九四立夏
震六五小滿
震上六芒種
離初九夏至
離六二小暑
離九三大暑
兌
離九四立秋
離六五處暑
離上九白露
兌初九秋分
兌九二寒露
兌六三霜降

二・京房聰慧可惜運氣不好

京房是焦延壽的學生，他從老師那裡學到卦氣的變化，又知道六十四卦的每一卦，都可以各自變成六十四卦，總共得到四千零九十六卦。於是，京房建立了一套占筮體系，對後代產生很大的影響。但是，焦延壽對京房的熱心占驗災變，卻至感憂慮，曾說：「得我道以亡身者，必京生也。」果真不幸而言中，京房在四十一歲時，即為人譖告與叛黨同謀，被下獄處死。精於刀者死於刀，精於槍者死於槍，精於游泳者死於水，精於占筮者恐怕也難以例外吧！

實際上，依據「一陰一陽之謂道」的觀點，卦氣的運行有正常的，就有反常的。一年四季的氣候變化，倘若合乎自然秩序，那就是正常的卦氣運行；如果反其道而行，當然成為異常或反常。正常的卦氣，稱為「正氣」，也就是孟子所說的「浩然之氣」；反常的卦氣，即為「亂氣」，足以產生干擾或破壞的力量。譬如否(ㄆㄧˇ)卦（䷋）為天地不交、閉塞不通之象，也就是因亂氣否定了正氣，所造成的「小人道長，君子道消」情景，與泰卦（䷊）完全相反。又如剝卦（䷖）上九一陽被剝落，然後變為一陽生於下而成復卦（䷗），所以初九爻辭為「不遠復」，表示失去不遠即知回復，當然很快就能恢復正道。由此可見，卦氣說不但可以用來預測災變，而且能夠依氣推理，找出所以如此演化的道理。

「氣」是中華文化的重要課題，卦氣的運用，當然不能忽視。如何加以妥善處理，應該是大家共同努力的目標。只要氣的運用得宜，必能獲得良好效果，這就叫做「運氣好」。

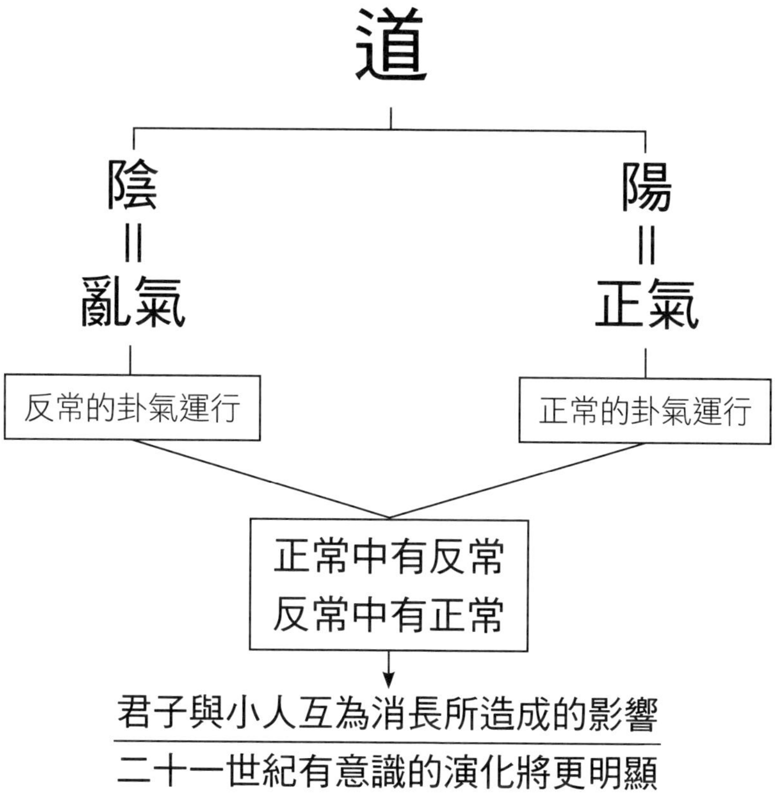
道
陰
=
亂氣
陽
=
正氣
反常的卦氣運行
正常的卦氣運行
正常中有反常
反常中有正常
君子與小人互為消長所造成的影響
二十一世紀有意識的演化將更明顯

三、虞翻提出系統的卦變說

我們已經知道：十二消息卦乾（䷀）、復（䷗）、臨（䷒）、泰（䷊）、大壯（䷡）、夬（䷪）、剝（䷖）、觀（䷓）、否（䷋）、遯（䷠）、姤（䷫）、坤（䷁），其陰、陽爻的排列，規整而有序。其他五十二卦，陰陽爻則相互交雜，顯得錯雜而無序，漢代易學家便稱之為「雜卦」。這樣，我們對於「錯綜複雜」的卦象，就有了更進一步的認識：兩卦的六爻，兩兩陰陽相錯，叫做「錯卦」；兩卦六爻，彼此顛來倒去，即為「綜卦」；卦的上下卦相同，也就是上下卦同樣的卦，稱為「複卦」。而這裡所說雜而無序的卦，當然就是「雜卦」。

虞翻告訴我們：「雜卦」是由十二消息卦，也就是辟卦變來。譬如一陰一陽的卦，各有六個，都由復（䷗）、姤（䷫）兩卦變成。復（䷗）卦初爻之二爻，即為師（䷆）；初爻之三爻，便是謙（䷎）；初爻之四爻，變成豫（䷏）；初爻之五爻，叫做比（䷇）；而初爻之上爻，那就是剝（䷖）了。另外六爻，則由姤（䷫）來，初之二即同人（䷌）；初之三成履（䷉）；初之四為小畜（䷈）；初之五變成大有（䷍）；而初之上那就是夬（䷪）了。

依此類推：二陰二陽的卦，都由臨（䷒）、遯（䷠）變來；三陰三陽的卦，都從泰（䷊）、否（䷋）而變；四陰四陽的卦，皆自大壯（䷡）、觀（䷓）變來。算起來，只剩下中孚（䷼）和小過（䷽）兩卦，不包括在內，可以說是兩個特殊的變卦。中孚四陽二陰，只能說它由訟（䷅）變來。小過四陰二陽，則自晉（䷢）卦變來。

虞翻十二消息卦出入圖

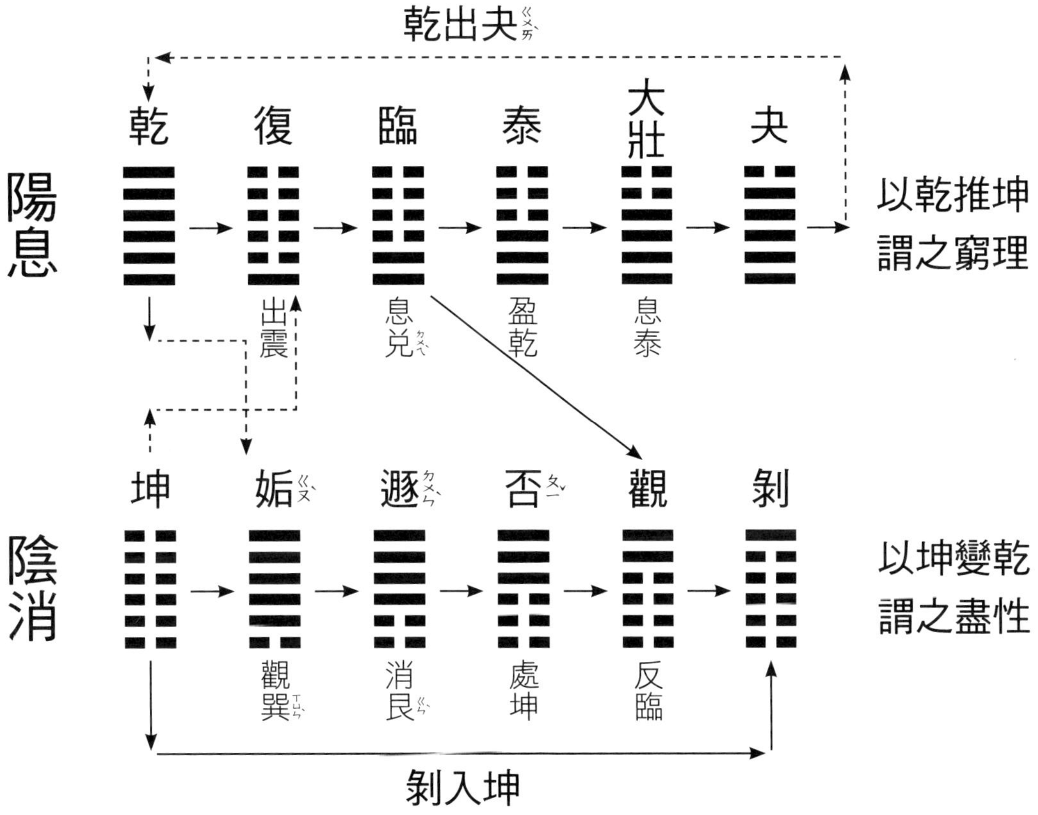
乾出夬
乾
復
臨
泰
大壯
夬
陽息
以乾推坤
謂之窮理
出震
息兌
盈乾
息泰
坤
姤
遯
否
觀
剝
陰消
以坤變乾
謂之盡性
觀巽
消艮
處坤
反臨
剝入坤

四、六十四卦都由乾坤變來

虞翻的系統卦變說，充實了「變易」的內涵，指出：「究極而言，凡卦皆從乾、坤來。」他認為天、地是萬物的總父母，所以乾、坤也是其餘六十二卦的總父母。〈繫辭・下傳〉說：「物相雜，故曰文。」虞翻的解釋則是：「乾陽物，坤陰物，純乾、純坤之時，未有文章。」〈繫辭・下傳〉所說：「四象生八卦」，虞翻也有另一種解說：「乾（䷀）二、五之坤（䷁），則生震（䷲）、坎（䷜）、艮（䷳）；坤（䷁）二、五之乾（䷀），則生巽（䷸）、離（䷝）、兌（䷹）」。

意思是說：乾卦（䷀）九二、九五兩爻的陽，分別往至坤卦（䷁）二爻、五爻的位置，於是坤（䷁）變成坎（䷜）。這時坎（䷜）二至四爻互卦為震（䷲），三至五爻互艮（䷳），由是生出震（䷲）、坎（䷜）、艮（䷳）。同樣的道理，坤卦（䷁）六二、六五兩爻的陰，分別往至乾卦（䷀）二爻、五爻的位置，於是乾卦（䷀）變成離卦（䷝）。離（䷝）卦的二至四爻互巽（䷸）、三至五爻互兌（䷹），也就是生出巽（䷸）、離（䷝）、兌（䷹）了。

每一個卦，都由上下兩個經卦的卦體組合而成，還可以由六爻的中間四爻，也就是二、三、四、五爻，三爻一體、三爻一體地交互組成兩個新的經卦卦體。也就是說：二至四爻互成一卦，三至五爻互成一卦，這種情況稱為「互體」。虞翻的乾坤生六子，主要在闡明天地生萬物、天地生萬象的道理，成為人們「謝天謝地」的重大依據。

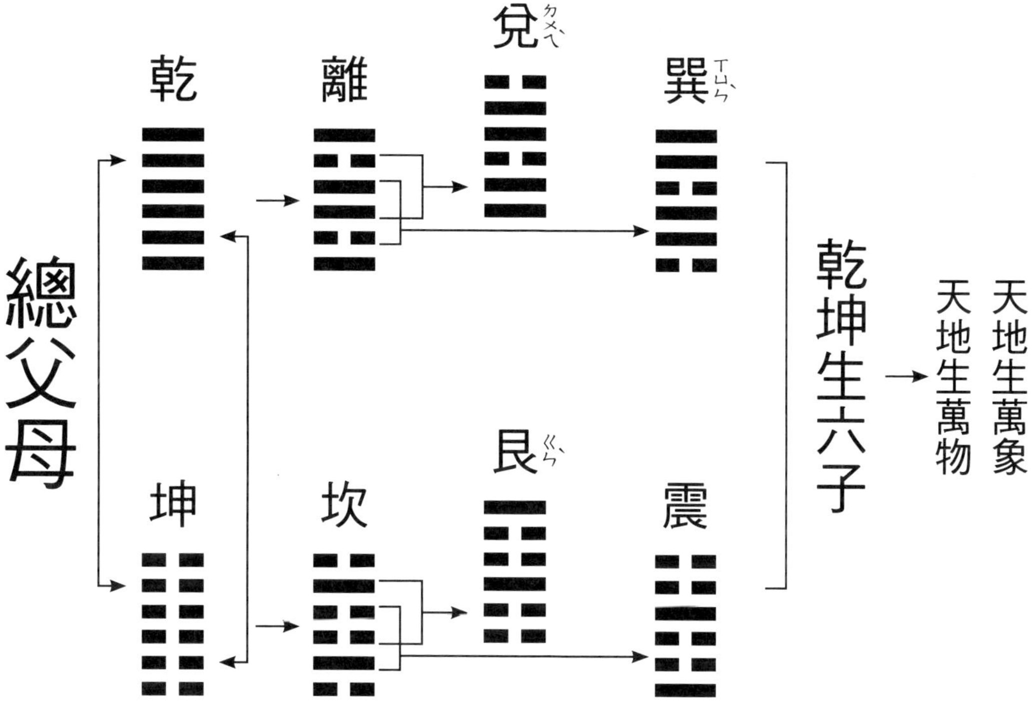
總父母
乾
坤
離
坎
兌ㄉㄨㄟˋ
艮ㄍㄣˋ
巽ㄒㄩㄣˋ
震
乾坤生六子
天地生萬象
天地生萬物

五．氣的變化背後有其理在

宋代邵康節，名雍，字堯夫。他把道家的「無、有」，和儒家的「陰、陽」合起來看，指出：「道」是萬物化生的本源，「道」生「神」和「氣」。炎黃子孫原本神定氣閒，顯得神氣而不驕傲，當然與「道」密切相關。由於「神以知來」，我們對未來的變化，大多心中有數，因為氣的不斷變化有形可見。陽氣多的為剛，陰氣多的便為柔。

實際上，天地萬物所以能夠生生不息，不過是「一氣流行」所產生的作用而已。這一氣，含有陰陽的動能，由乾元主導，而坤元合理地加以配合。乾的作用，不可見聞，不可得名，所以稱為「神」。〈說卦傳〉指出：「神也者，妙萬物而為言者也。」天地造化的神奇功能，妙不可言，是很難用言語來形容的。天地萬物皆有其神用，但不是想變就變，必須「乘氣」而變，也然是因應陰陽之氣而適時應變。

邵康節的最大貢獻，應該是把「氣」的變化所呈現的「理」找出來。然後，再反過來解釋「氣」的變化。他認為人類是大自然的一部分，我們的所有活動，包括言行舉止種種變化，都和大自然的氣密切相關。從卦氣的變化來看，三皇（天皇伏羲、地皇神農、人皇黃帝）、五帝（少昊、顓頊、帝嚳、堯、舜）之後，我國歷史便只有王、霸之分。他認為三皇之世最切近於道，完全無為而治。五帝之世多於「德」的表露，「教」重於「化」。王的精神重勸，霸的主力在率。「化、教、勸、率」，符合「春、夏、秋、冬」的時宜。現代中華帝制已告終結，如何開創出新的風氣？似乎仍在摸索、研究與改善當中。

我國歷史有限的一面

- **皇：** 以道化民，道能久，可傳至千世。
  天皇伏羲、地皇神農、人皇黃帝，稱為三皇。
- **帝：** 以德教民，得民心，可傳至百世。
  少昊ㄏㄠˋ、顓ㄓㄨㄢ頊ㄒㄩˋ、帝嚳ㄎㄨˋ、堯、舜，稱為五帝。
- **王：** 以功勸民，其效較遠，可以傳十世。
  實施仁政，謂之仁君，王道明君。
- **霸：** 以力服人，止於其身，一世而已。

中華文化的傳承
才是萬古不變的根本原因

六、現代最重要在端正風氣

「氣」在人的身上，形成氣質。「氣」是看不見的，然而「質」卻看得見。如果說「氣」屬「無」，那麼「質」便是「有」。大自然從「無」的「志氣」或「氣息」，產生出「有」的「品質」或「品格」。萬物都有「氣」，因而都能「生」。

《易經》乾卦為天，表示大自然的運行，不但有意志，而且剛健不息，所以才說「天行健」。天的意志，形成一種信息，傳達給人類，要我們培養「浩然之氣」，務求「自強不息」。如此天人相應，便是天人合一的具體功效。

現代人熱心於「學」，而所學的對象，大多是科學、法律、宗教這些專而不通的東西，對於大自然的信息，喪失了通氣的能力，不得不接受仲介的綁架，把那些半生不熟的東西，硬塞給下一代。又透過嚴密的考試制度，以及缺乏彈性的升學管道，使下一代無奈又無助地全盤接受，然後千方百計地加以凌辱和恥笑。於是一代比一代更缺乏志氣，一代比一代更喪失勇氣，只好承受不爭氣的罵名。

「不知易，不足以為將相。」現代人居高位，卻毫不猶疑地說出：「我不懂什麼叫《易經》」，這才是首先必須端正的風氣。我們是《易經》的民族，不懂《易經》是何等嚴重的缺陷！與其指責、咒罵，不如及早研讀，早日救自己也救同胞。

人人都需要修身，修身以養氣為主。這個「氣」和「空氣」毫無關係，它代表著上天的信息通達於我們的意志。只要通的人多了，社會風氣自然很快就能趨於端正。

中華民族長期以來，科學十分發達，卻從來不提「科學」，
因為它不過是一種有關大自然的學科而已！

「Science」應該翻譯成「學科」而不是「科學」。

華夏子孫自古重視祭祀，卻不落入「宗教」的門檻。
因為有了宗教，就有強烈的分別心、排他性，

沒有宗教，當然不可能引起宗教戰爭。

炎黃子孫有情性、有靈氣，能夠接通大自然的信息。
我們知道「有生於無」，也明白「無中生有」的道理。

現代人缺乏這些素養，中國社會風氣當然令人感到憂慮。

1 「氣」可以視為宇宙能量的總稱，含有我們未出生之前的先天「炁」，和出生後所接觸的陰陽「氣」。人活著，不過就是一口氣。只要一口氣上不來，便活不成，死了。

2 先呼後吸，有利於換氣。所以呼而開的叫做「陽」，吸而闔的稱為「陰」。於是奇數為陽、偶數為陰；反為陽、正為陰。氣的變化，產生了我們的生命。一切由氣而生，六十四卦也全是氣的變化所造成的。

3 卦氣的變化，透露出大自然的信息。人除了「有」，還要認識「無」；除了充實「知」，還要多領「悟」。現代人不要過分專注易理，也要兼重氣數。

4 大自然是統一的、整全的、不能分割的。人類的學問，當然也務求能通。先把學問統一起來，再求人類社會的統一。和平發展、和諧互助，豈不就是幸福的世界！

5 陰陽二氣的變化，有持續的，也有不持續的。倘若把變化的規律整理出來，倒過來觀察陰陽的變化，便能夠預測未來的趨勢。有例行便有例外，準確與否的關鍵，現在已經十分清楚，就在於人的德行，這才叫做「易為君子謀，不為小人謀」。

6 遊魂卦和歸魂卦，為什麼會取這樣的名稱？和「魂」有什麼關係？「魂」又是什麼？接下來，我們就要嘗試著加以探討，看看有什麼特別的用意？

《第三章》

量變和質變

有何關係？

一般來說，爻變是量變，逐漸發展，
六爻齊變，便成為質變，由此宮入彼宮。

每一宮的一變、二變、三變、四變到五變，
雖然都是變卦，卻維持著逐漸演變的過程。

上九、上六不能變，一變就成為質變，
從這一宮變成另外一宮，本質改變了。

為了保持本宮的基本精神，上爻不變，
於是把四爻變回原來的象，成為遊魂卦。

再從遊魂著手，將內卦變回原狀，
內心一變，遊魂就回來了，成為歸魂卦。

歸魂卦可以防止本宮的質變，
仍然保持著本宮原有的精神與行為。

一・遊魂表示精氣神未合一

人活著的時候，以精氣神合一為上乘。然而，只要我們活著，就不可能長久保持精氣神合一的狀態。因為大自然的規律是「常中有變，變中也有常」。我們常說「失魂落魄」，意思便是精神恍惚，失去了主宰。原來人有「魂」也有「魄」——「魂」為靈魂，佔百分之三十；「魄」即體魄，佔百分之七十，所以才說「三魂七魄」。表面上看起來「魄」的份量比較大，但實際上「魂」才是主宰。

體魄是我們的身體，含有筋骨血肉，稱為「精」，以及呼吸、行為，叫做「氣」。靈魂可聚可散，聚時乘氣而興起思慮動作，散時藏於魄而靜止。魂的聚散，令人有如神遊，變化無方，所以稱為「遊魂」。〈繫辭・上傳〉指出：「精氣為物，遊魂為變，是故知鬼神之情狀。」想必與此有關，也就是生與死的變化。然而，「遊魂卦」的命名，是否由此而來，則不得而知。我們只知道，魂不守舍的狀態，固然有一部分來自驚嚇，以致魂不附體，把魂嚇得飛離了體魄。但也有一部分，則是心神不定，靈魂居於種種原因，離開了體魄，幸好不久後就會返回，從遊魂到歸魂，時間短暫，尚不至於影響我們的正常生活。若是靈魂一去不復返，從此與體魄長期脫離，那就是死亡，不能復活了。我們偶而會發呆，視而不見，聽而不聞，對周遭環境似乎失去了反應。有人用手掌在我們眼前上下晃動，我們也沒有感覺，這種狀態，即稱為遊魂，意思是靈魂離開體魄，暫時出遊去了。靜坐入定，則是老子所說的「營魄抱一」，也就是靈魂與體魄合一，相當於「負陰而抱陽」，可以達到「沖氣以為和」的作用。

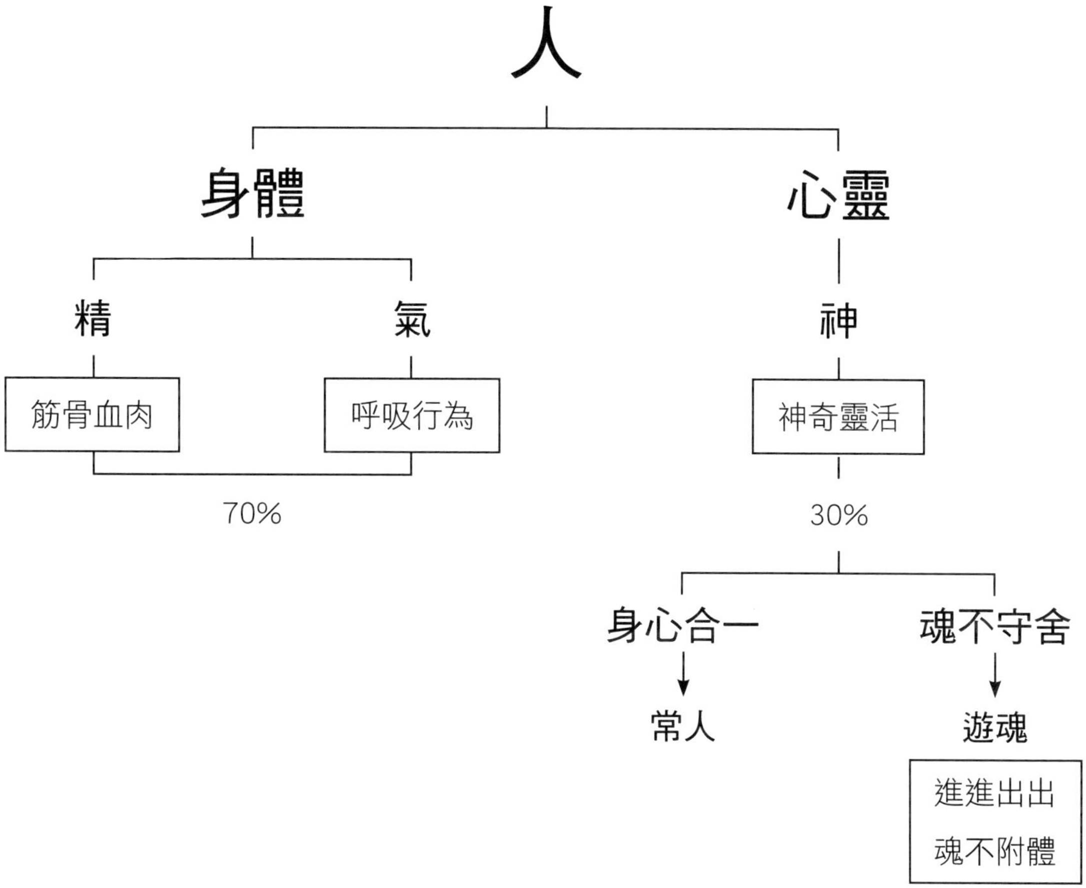

人
身體
心靈
精
氣
神
筋骨血肉
呼吸行為
神奇靈活
70%
30%
身心合一
魂不守舍
常人
遊魂
進進出出
魂不附體

二・遊魂表達陰陽循環現象

易的經文，原本並沒有「陰陽」的字樣，但是〈繫辭・上傳〉指出：「易有太極，是生兩儀，兩儀生四象，四象生八卦。」「太極」指天地陰陽未分時的混沌狀態，「兩儀」即為陰陽二氣。天氣為陽，地氣為陰。由於陰陽二氣的消長，產生四象、五行與萬物。「四象」本指四時，春、夏、秋、冬便是一年的陰陽消長，所以春為少陽，夏為老陽，秋即少陰，而冬即為老陰。震木為春，離火為夏，兌金為秋，坎水為冬，象徵木、火、金、水各主一時。可見宇宙生成的次序，由太極而天地，而金、木、水、火，而天、地、雷、風、水、火、山、澤，以至於萬物。太極分出陰陽，陽進而陰退，陽長而陰消，陽動而陰靜，逐漸分化而產生萬事萬物。

老子說：「萬物並作，吾以觀復。萬物芸芸，各復歸其根。」一般人只看到萬物發展的情狀，有高有低、有好有壞，似乎千變萬化。然而，若是我們冷靜地觀照天地造化的玄妙，就不難發現：當萬物的能量逐漸耗盡時，便復歸於无。因為「天下萬物生於有，有生於无」。老子所說的「无」，並不是什麼都沒有的「空無」，而是指不可名相的原始混沌狀態。无中生有，最後有復歸於无。有无相生，表達了陰陽循環的現象，告訴我們：陰氣與陽氣始終存在，並不會剝盡，這就說明了「陰中有陽，陽中有陰」的道理。京房的八宮卦圖，透過遊魂卦和歸魂卦，來表達由陰陽二氣所造成的自然環境，呈現往復循環的變化，也就是天下萬事萬物自然變化的根源。八宮的卦變，莫不依循著這樣的自然律。

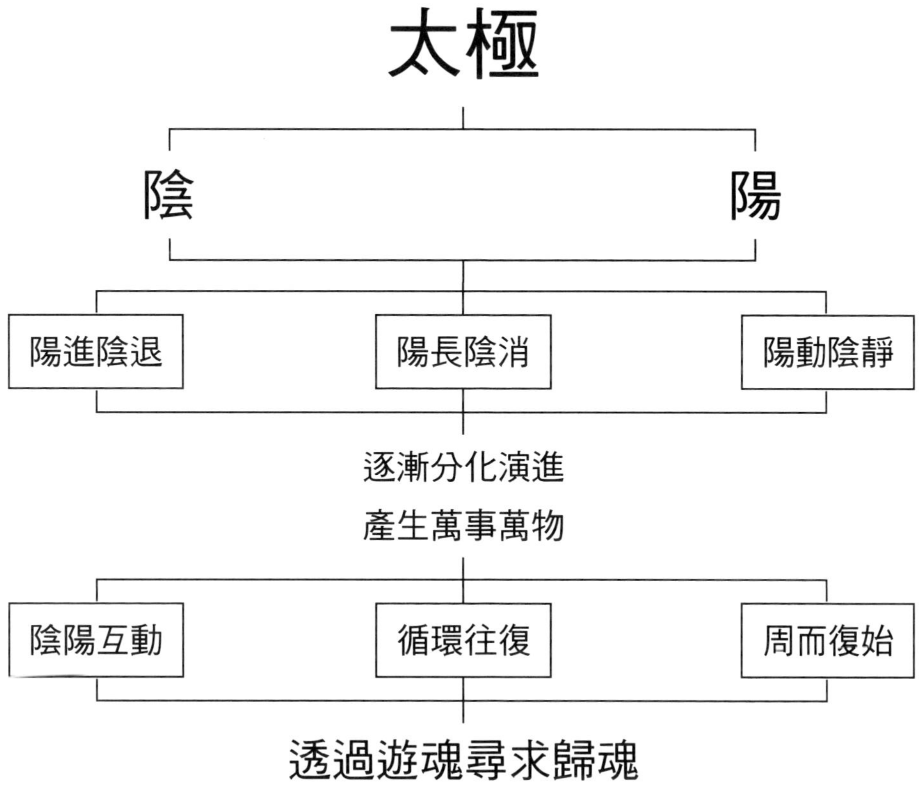
太極
陰
陽
陽進陰退
陽長陰消
陽動陰靜
逐漸分化演進
產生萬事萬物
陰陽互動
循環往復
周而復始
透過遊魂尋求歸魂

三。歸魂卦並不是回歸本卦

我們先以乾宮為例，由初九開始，因為易氣由下生，依序變為姤ㄍㄡˋ（䷫）、遯ㄉㄨㄣˋ（䷠）、否ㄆㄧˇ（䷋）、觀（䷓），到初爻至五爻，全部由陽變陰而成剝卦（䷖）。這時候若是再將上九由陽變陰，那就是剝盡而成為坤卦（䷁），已經進入坤宮了。因此上九不變，反而將剝（䷖）的上卦（☶）始爻，由陰變回原先的陽，於是成為晉卦（䷢）。這時候的九四爻雖然是陽爻，卻仍然處於外卦（也就是上卦☲）的位置，尚未返回到內卦（也就是下卦☷）的位置，好比靈魂在外遊盪，所以稱為「遊魂卦」。還沒有復歸其根的情況，即為遊魂。

晉卦（䷢）是乾宮的遊魂卦，倘若將晉卦（䷢）的下卦（☷），恢復到原先的乾卦（☰），也就是初六、六二、六三，一下子全部變回初九、九二、九三，便成為大有卦（䷍）。這時候原先的乾卦（䷀），除了九五仍然維持六五以外，其他五爻，都已經恢復原狀，所以稱為「歸魂卦」。為什麼不把九五也一併回歸原狀呢？當然不行，因為那樣一來，又恢復乾卦為原本狀態，相當於原地踏步，又回到原點了。

可見循環往復，並不表示一切歸零，原原本本地回歸原點。歷史會重演，但每一次都不會完全一樣。中華民族特別重視歷史意識，也就是歷史所揭示的道理。因為歷史的史實是變易的，而歷史的意識卻是不易的。惟有掌握不易的歷史意識，才能靈活而合理地適應歷史史實的變化，我們稱之為「持經達變」——合理地隨機應變，不能存心投機取巧，如此才能立於不敗之地，恆久地惟變所適。

循環往復

並非一切歸零 又回歸原點

倘若重返原點
豈非原地踏步
當然不能進步
保持根本精神
因應不同變數
隨時合理應變

歷史會重演 但每次都不一樣

歷史的史實
不可能重現
歷史的意識
務必要重視
意識不會變
史實一直變

我們必須用心 力求不斷奮進

凡事不進則退
保持現狀太可怕
必須時刻奮進
用進取保持不退
只要稍有懈怠
勢必向下沉淪

四．遊魂的下卦與本卦相錯

再以坎宮為例，本卦為坎卦（䷜），下坎上坎，為習坎。初爻陰變陽，成為節卦（䷻）；初爻陰變陽，二爻陽變陰，即成屯卦（䷂）；倘若加上三爻陰變陽，即為既濟卦（䷾）；假定六四再變為九四，那就是革卦（䷰）；這時候九五接著變成六五，便成為豐卦（䷶）。上六不能變，否則會進入離宮，成為離卦（䷝）。所以上六不變，將豐卦（䷶）的九四變回原來的六四，就出現明夷卦（䷣），即為坎宮的遊魂卦。把明夷（䷣）的下卦離（☲），和本卦坎（䷜）的下卦坎（☵）相對照，彼此互為錯卦，證明下坎的魂（☵），仍然在外遊蕩，尚未回歸本卦。到了歸魂師卦（䷆），下卦恢復坎象，與本卦坎（䷜）的下卦完全相同，表示魂真的回來了。

震宮本卦為震（䷲），遊魂卦為大過（䷛）。震的下卦為震（☳），而大過的下卦為巽（☴），兩者互錯。歸魂卦為隨卦（䷐），下卦為震（☳），與本卦相同，真的魂歸來了。

離宮遊魂為訟（䷅），下卦坎（☵）與離的下卦離（☲）相錯，歸魂卦為同人（䷌），下卦離（☲）也恢復為本卦的下卦離（☲）。

兌宮遊魂為小過（䷽），下卦艮（☶）與本卦的下卦兌（☱）互錯。歸魂為歸妹（䷵），下卦兌（☱）恢復本卦的原狀。

巽宮遊魂為頤卦（䷚），下卦震（☳）與本卦的下卦巽（☴）互錯。歸魂蠱卦（䷑），下卦巽（☴）與本卦下卦巽（☴）相同。

艮宮和坤宮的變化也不例外，八宮完全一樣。遊魂能否歸魂，主要關鍵在下卦，也就是內卦。內卦和本卦不同，遊魂在外；若是相同，那就歸回來了。

遊魂卦下卦——互錯——本卦下卦

	遊魂卦下卦	本卦下卦	
乾宮	晉 ☷	乾 ☰	象徵內卦尚未回復
震宮	大過 ☴	震 ☳	
坎宮	明夷 ☲	坎 ☵	
艮(ㄍㄣˋ)宮	中孚 ☱	艮(ㄍㄣˋ) ☶	
坤宮	需 ☰	坤 ☷	
巽(ㄒㄩㄣˋ)宮	頤 ☳	巽(ㄒㄩㄣˋ) ☴	
離宮	訟 ☵	離 ☲	
兌(ㄉㄨㄟˋ)宮	小過 ☶	兌(ㄉㄨㄟˋ) ☱	

五。遊魂是漸變過程的拐點

乾卦（䷀）元、亨、利、貞，孔子盛讚為：「大哉乾元，萬物資始，乃統天。」但為什麼經不起一變為姤（䷫）、二變成遯（䷠）、三變為否（䷋）、四變成觀（䷓）、五變就成剝（䷖）了呢？原來《易經》六十四卦，在三十二個初六之中，爻辭不利的共有十九個，佔總數的百分之五十九，警示大家：不要小看這個陰柔型的人，身處陽剛時位的高度凶險性。一方面要有自知之明，凡事秉持「履霜堅冰至」的警惕，以免不自量力而闖下大禍；一方面身為上級領導者，千萬不要認為初六人微言輕，沒什麼了不起，抱持「大人不記小人過」的心態，隨隨便便做濫好人，結果卻誤了大事！因為六爻之中「初難知，上易知」，「初難知」實際上比「上易知」更具破壞力，不可不謹慎防患，這才叫做「知幾」，也才能夠加強防姤之道。

一卦之內的六爻變化，由初爻逐步向上發展，構成一種量變的過程。這種漸變的演化，一旦發展到上爻，便會產生質變，由這一宮跑到另外一宮。補救之道，就是上爻不變，採取遊魂的方式，使剝（䷖）不致成坤（䷁），而是成為晉卦（䷢）。期望藉由陽光普照而化異合同，獲得大有的效果。

由自強不息（乾）而一陰爻剛從初位開始生長，必然迅速向上發展，有了陰爻漸盛而陽爻漸衰的姤象。小人漸多而君子漸漸退避（遯），很快就會出現溝通不良、互相猜忌、指責的狀態（否）。這時就算能夠見微知著（觀），也將無能為力地面壁思過（剝）。惟有秉持正大光明的目標，貫徹內部改造（晉），才可能上下一心，成就大有景象。

漸變過程的拐點

	拐得過來成遊魂	拐不過來就質變
乾宮	晉	坤
震宮	大過	巽(ㄒㄩㄣˋ)
坎宮	明夷	離
艮(ㄍㄣˋ)宮	中孚	兌(ㄉㄨㄟˋ)
坤宮	需	乾
巽(ㄒㄩㄣˋ)宮	頤	震
離宮	訟	坎
兌(ㄉㄨㄟˋ)宮	小過	艮(ㄍㄣˋ)

六、歸魂是防止質變的關卡

坤卦（䷁）初爻變成復卦（䷗），也就是初六變初九，好像一下子有了「東山再起」的希望。原來《易經》六十四卦，在三十二個初九爻辭之中，獲得「吉」、「无咎」、「无悔」的，共有二十八個，佔總數的百分之八十八。可見一個陽剛型的人，就算處於基層的陽剛時位，仍然具備良好的發展情勢，這也是復卦之所以稱為「天地之心」的重大意義。一陽來復，很快九二出現，雖然陽居陰位，卻由於居下卦中位，象徵真誠、平衡、穩定與和諧，能透過陰柔性質，減損過盛的陽剛之氣，已經消滅了「不當位」的弊病。既可協助居上的六五，又得到初九的同心協力，當然具備陽爻漸漸逼退陰爻的力道，有逐漸擴大的跡象。由臨（䷒）而泰（䷊），應該是必然的趨勢。九四的到來，為下卦的乾增添很大的助力。實際上，在《易經》六十四卦中，三十二個九四，有二十一個有利的爻辭，佔總數的百分之六十六，可見「四多懼」的說法，不過是警語，心存戒慎恐懼，才能得利。果然大壯（䷡）一來，接著便是夬卦（䷪），形成五陽決一陰的有利情勢。然而，陰陽必須共存，所以上六保持原位，轉而九四變回六四，成為遊魂需卦（䷄）。把澤（☱）變成水（☵），最佳的方式，便是將澤中的水，經由陽光照射，變成水蒸氣，再下雨變成水，以灌溉萬物，滿足萬物的需求。於是快要變成乾卦的夬卦，經由遊魂、歸魂，下卦恢復坤（☷）象，很快就從需（䷄）回到比（䷇），也就是各取所需而各親其比，著重自己的意願選擇，保持坤宮的忍辱負重精神，繼續發揮「弱者道之用」的運作。

九四、六四是防止質變的關卡

九四	六四
陽居陰位不居中	陰居陰位
需要保持高度警戒	當位卻不中
身居近身的臣位	近君位
是權力中心的重要人物	是權力中心的重要人物
又具有相當的才能	柔順、靈活、和諧
與君位較難和睦相處	與君位較易和睦
有高度危險性	危險性降低
需要下屬的支持	要加強下屬的剛柔互濟

我們的建議

1 一切的演變，無非由量變而質變。在量變的過程中，其實留有許多挽回的空間，卻大多由於警覺性不高、用心不夠，也不容易建立共識，以致因循苟且，坐失良機。

2 到了質變的時刻，才慌張失措，不知如何是好？這時候只好藉由遊魂，先適應；再歸魂，設法挽回一局。關鍵在於遊魂怎樣變成歸魂？大部分遊魂，有如低頭喃喃自語、不停繞著圈子走的精神病患，很不容易挽回。

3 此時內心的調適非常重要。把遊魂卦的內卦，一下子調回來，形成相錯的卦象，歸魂卦就出現了。惟有如此，質變才有挽回的機會，保持本宮原有的精神。

4 當位的爻，必須把握有利的時空條件，採取有效的行動，才能獲得當位的效用；不當位的爻，只要提醒自己，必須喚起自知之明，瞭解自身能力與不利的時空條件，克制情緒而不妄動，便能知止則止，避免受害。

5 當位時發揮有利的力量，不當位時不妄動，以減輕不利的影響，化不當位為當位。同時，在爻際之間做好承、乘、據、比的關係，調節相應或不相應的力道，也十分重要。

6 學習《易經》，必須充分發揮「心易」（用心來變易自己的命運，以及周遭環境）的力量。對於遊魂卦當然要用心研習，觀照遊魂如何變成歸魂？

《第四章》

為什麼
四爻那麼重要？

「五」為君位，代表組織的最高領導，
由於權力使人腐化，必須慎防位高權重而妄行。

然而「五多功」的實際情況，難免得意忘形，
這時候「四」是近臣，必須發揮合理勸阻的力量。

原來「四多懼」的用意，即在勸阻可能產生的危懼，
不容易，卻非常重要。非做不可，再難也要盡力。

八宮卦由初至五爻變，都是量的漸變。
「六六大順」只能變到五為止，否則就成為突變。

突然變成另外一宮的卦，當然是質變。
要防止質變，就要發揮四爻的功能，由上轉下。

危懼到魂不附體，成為遊魂，要格外小心。
促成歸魂，謹守本宮精神，才是四爻的要領。

一・遊魂歸魂是心易方便法

先以乾宮為例，五變到了剝卦（䷖），從陰盛陽衰的角度來看，陰長陽消，已經剝剩最後一陽。這剩下的一陽碩果僅存，倘若再被剝掉，便轉入坤宮，形成質變了。由於「陰中有陽」的緣故，剝卦（䷖）五陰爻象徵由柔主導的局面，呈現大艮（☶）的象，有艮止的力量，保持這僅剩的一陽，不再受陰的剝落。所以剝卦卦辭明白指出：「不利有攸往」，不能再剝下去了，最好是守正待變。群陰之中，六三與上九相應，不受其它陰爻影響，可以阻止初六、六二的向上逼進。六五无不利，並不急於剝掉上九。只有六四大禍臨頭，雖然當位也不免於凶，最方便爻變。所以剝卦（䷖）六四變九四，就成為晉卦（䷢）。內心尚未回復，而遊魂在外，可以說是眾陰奉陽的初步效果已經顯現。

一陰一陽之謂道，剝卦（䷖）可以看成陰盛陽衰，也可以看成眾陰奉陽，果然危機便是轉機。遊魂晉卦（䷢）帶來柔進的光明，有了六五君位的柔性領導，普照大地，彷彿太陽從東方躍出，緩緩上升，象徵光明盛大的前景即將到來。於是內卦由陰轉陽，表示內心有了改變，回歸乾宮原本精神，歸魂卦大有（䷍），如日中天之象。五大歸一小，一陰爻居然擁有五陽，當然是大為所有了。

現代人無奈而無助，經常任由外界環境擺佈，只知怨天尤人，不能內自省而自求改變。看到遊魂和歸魂的演化，應該知所警惕——求人不如求己，向外求不如向內尋。惟有用心改變自己、用心改變世界，才是人類正確的自救之道。

乾宮

本卦：乾（䷀）

一變：姤ㄍㄡˋ（䷫）

二變：遯ㄉㄨㄣˋ（䷠）

三變：否ㄆㄧˇ（䷋）

四變：觀（䷓）

五變：剝（䷖）

一變至五變：量變（漸變的過程）

心易

用心改變

遊魂：晉（䷢）

慎防質變

改變方向，由上轉下

↓

歸魂：大有（䷍）

二、以和為貴才是決斷之道

其次看坤宮，五變成為夬卦（䷪）。夬剝兩卦相綜，前者五陽有除去或維護一陰的可能，而後者則是五陰有除去或維護一陽的選擇。夬卦上六變上九，那就轉入乾宮。夬（䷪）和乾（䷀）只差最上面那一爻，便有可能由果斷而演變成剛愎自用的獨斷，以致亢龍有悔。這時候「五陽決一陰」或「五陽承一陰」，就成為重要的抉擇。於是九四的動向，備受關注。在五陽團隊中，九五是領導，九四陽居陰位，如果顯示剛性，遲早引起九五及其他成員的不滿。不如克制自己的剛性，由九四變六四，成為遊魂需卦（䷄）。

我們待人處事，得饒人時且饒人。與其理直氣壯，不如理直氣和。夬卦（䷪）五陽在下，壯盛的陽剛之氣，要排除一個觀念、作為不同，卻又柔弱不堪的人，當然是輕而易舉，勢如破竹。然而，人多勢眾，稍為處置不當，必然造成嚴重的後遺症。這時候最需要的，應該是「健而悅，決而和」的決斷之道，務使人人樂於接受，才是以和為貴的上策。夬卦（䷪）下乾上兌，乾為健而兌為悅，能果決卻必須考慮周全，將心比心。惟有以時間換取空間，秉持需卦（䷄）的寶貴體驗，才能獲得比卦（䷇）的喜悅。

比卦（䷇）和師卦（䷆）互綜，表示滿足需要，有可能會引起爭鬥，但也可以是心甘情願地分享。這種不一樣的結果，早在夬卦（䷪）時，便已經種下善因，存心以和為貴，而且對師憂比樂有深刻的體會。所以遊魂為需（䷄），歸魂才可能是比（䷇），保持坤宮柔和、謙讓、憨厚的美德。

坤宮本卦：坤（䷁）

　　五變：夬（ㄍㄨㄞˋ）（䷪）

倘若持續向上為六變：乾（䷀）〔質變〕
因此由上轉下

　　遊魂：需（䷄）

需要好好思慮，如何保持坤宮順、柔、靜、弱的精神？

　　歸魂：比（䷇）

果然以和為貴，才是果決而非獨斷的分野，
心甘情願地分享，顯示坤道的厚德載物。

三、坎宮演化重在知險脫險

坎宮的本卦為習坎（䷜），上下卦都是坎，象徵陷入重重的危機之中，難以脫離。天有不測風雲，人有旦夕禍福。然而，禍福無門，惟人自召。坎為水，我們必須從坎水中學習為人處事的道理，培養臨危應變的智慧，才能體會自作自受的人生規律。原來一切都是自己造成的，不必怨天尤人。既然坎為水，我們就要從節約用水著手，所以坎宮一變為節卦（䷻），善用水資源，萬物才會有成長的機會。因此二變成為屯卦（䷂），創業惟艱，必須多溝通協調，互相以「萬事起頭難」來共商大計，並且善用五行相剋的力道，務求透過水火相剋來完成水火相濟的任務，因此三變即為既濟卦（䷾）。既濟心願達成，往往鬆懈下來，為了預防「初吉終亂」，最好審時度勢，合理變革，所以四變即為革卦（䷰）。同樣利用相生相剋的作用，使弱的地方轉強，而強的地方變弱。現代人喜歡「制衡」，不如適時合理變革來得妥善。五變為豐卦（䷶），便是變革合理，成果十分豐盛。這時若是上爻再變，就要離開坎宮而進入離宮了。於是四爻再變回來，成為遊魂明夷（䷣），提醒我們：在豐盛時期，應該處盛思危，才合乎坎宮的要求。因為日中則昃、月盈必蝕。豐盛之時，衰落已經悄悄來臨。明夷表示光明受到傷害，我們必須韜光養晦，暫時隱藏不露，抱持以退為進的心態，以免掉入歸魂師卦（䷆）的勞師動眾，大打出手，因而一發不可收拾的凶險；卻能夠發揮「師者，所以傳道、授業、解惑」的諄諄善誘，教導脫險的妙方。

坎宮

本卦：坎（䷜）

錯卦：離（䷝）

一變 → 節（䷻）

二變 → 屯ㄓㄨㄣ（䷂）

三變 → 既濟（䷾）

四變 → 革（䷰）

五變 → 豐（䷶）

倘若持續向上變：離（䷝）〔質變〕

因此轉向，由上轉下，

六爻不變，四爻變回原象：遊魂

↓

明夷（䷣）

下卦返回原象：歸魂

↓

師（䷆）

四．離宮以同人來避免爭訟

離宮的本卦為離（䷝），一變成旅（䷷），二變為鼎（䷱），三變即成未濟（䷿），四變成蒙（䷃），五變則為渙（䷺）。一至五變為量變，也就是漸變的過程。倘若再進一步，六爻齊變，那就成為錯卦坎（䷜）了。由離變坎，稱為質變，已經不是量變了。所以到五變為止，便要轉向，不能往上，只能往下，因此五變以後，目標轉向四爻。把四爻由渙（䷺）的六四，轉回本卦離（䷝）的九四，於是成為遊魂訟卦（䷅）。表示峰迴路轉，既然天下沒有不散的筵席，有「散」便有「聚」。不論是組織方面或成員心理方面的渙散，都可以透過離的聚合議題來吸引、互動，以期再度聚合。四爻的化分為合，當然也可能引起爭訟，但只要秉持以和為貴的精神，極力避免爭執，歸魂同人（䷌）便指日可待了。

現在我們終於明白：「六六大順」是一句警語。用警語來祝賀，著實十分高明。「五」為君位，歷經「初難知、二多譽、三多凶、四多懼」，好不容易來到「五多功」，按理應該更加珍惜，愈為警惕、敬慎才對，實際上卻大多由於得意忘形，而毫無顧忌地一意孤行。因此「上易知」的真實意思，就是不幸走到盡頭，將由盛而衰、由興而亡了。因此「六六大順」的真義，在好好保持「五」的精神，真心掌握好不容易建立起來的核心隊伍。凡事適可而止，力求中道而行，不要再妄自向上發展，以免「亢龍有悔」或「龍戰於野」。這時候近臣四爻的責任便十分重大，不要只想到「伴君如伴虎」的危懼，更應該以「履虎尾」的敬慎精神，做好輔助君位的工作，由遊魂而歸魂。

六六大順是警語
提醒大家適可而止

↓

用來委婉勸告君位： 好不容易擔當最高領導者 最好避免亢龍有悔 也不需要龍戰於野 用心掌握核心隊伍 虛心接受近臣的輔助 必要時採用遊魂政策 務求合理地適時歸魂

五．隨時保持定力合理震動

震宮本卦為震（䷲），倘若六爻全變，那就成為錯卦巽（䷸）。由於牽一髮而動全身，六爻中的任何一爻，不論由陰變陽，或是由陽變陰，這一卦就會變成另外一卦了。

初爻由陽變陰，震卦（䷲）立即變成豫卦（䷏）。二爻由陰轉陽，成為歸妹（䷵）。三爻陰變陽，即為豐卦（䷶）。四爻陽轉陰，便是復卦（䷗）。五爻陰變陽，成為隨卦（䷐）。上爻陰轉陽，那就是噬嗑卦（䷔）。啟示我們：在雷聲不斷的情況下，保持定力，才能處變不驚。這時候更要做好計劃，充分準備（豫），對準預定目標，務求有所依歸（歸妹），才會有良好的效果（豐）。時常反省，及時恢復正常的思慮和行動（復），並且隨著前賢的腳步與經驗（隨），積極有效地整合（噬嗑）資源，保持震動的力量。

把一爻變的歷程，和多爻變的結果，也就是震宮的八種變卦，對照比較。初爻變和一變是一樣的，其餘便不相同了。做好計劃，充分準備（豫）之後，就要付諸實際行動，以求減少阻礙、化解險難（解）。這時候要有恆心（恆），才能順勢柔升，培養強大的適應能力（升）。秉持守恆的精神，改邑不改井（井），在陽剛過盛時（大過），能夠適時虛心求教，隨從正道，保持合理的活力（隨）。可見要怎樣變？決定於自己的心。而心便是靈魂的象徵，憑良心把握未來的動向，自然合理而有效。

卦的變化，具有極大彈性。自己是不是憑良心？才是最重要的關鍵。保持定力，適時震動，才能安穩不亂。

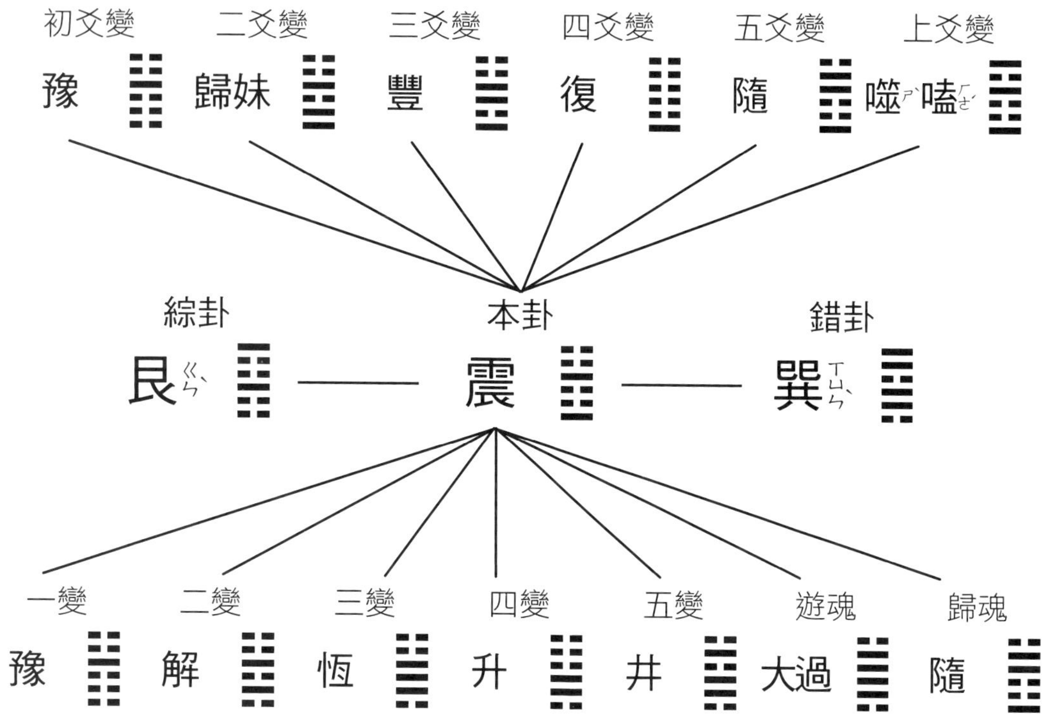
初爻變
二爻變
三爻變
四爻變
五爻變
上爻變
豫
歸妹
豐
復
隨
噬ㄕˋ嗑ㄏㄜˊ
綜卦
本卦
錯卦
艮ㄍㄣˋ
震
巽ㄒㄩㄣˋ
一變
二變
三變
四變
五變
遊魂
歸魂
豫
解
恆
升
井
大過
隨

六、最後的歸魂卦叫做歸妹

巽宮本卦為巽（䷸），綜卦為兌（䷹），錯卦為震（䷲）。上下卦互換，稱為交卦。巽卦下巽上巽，即使上下交換，仍為巽卦。初至上爻，一爻一爻變，分別成為小畜（䷈）、漸（䷴）、渙（䷺）、姤（䷫）、蠱（䷑）、井（䷯）。八宮卦的變化，則為小畜（䷈）、家人（䷤）、益（䷩）、无妄（䷘）、噬嗑（䷔），漸變而成遊魂頤卦（䷚），再變為歸魂蠱卦（䷑）。如果把內互卦再找出來，有大過（䷛）、中孚（䷼）、睽（䷥）、家人（䷤）、鼎（䷱），可見卦與卦的關係十分密切。可以用心推到八八六十四卦中的任何一卦，非常靈活而巧妙。

漸卦（䷴）是艮宮的歸魂卦，而歸妹（䷵）則是兌宮的歸魂卦。這兩個卦，都是三陰三陽，彼此既互綜又相錯。艮為山，其性止；兌為澤，其性悅。山澤通氣，艮以止之，兌以說之，兩者關係至為密切。然而，漸卦居第五十三卦，歸妹緊接著出現在第五十四卦。漸卦得善終，而歸妹卻終無所利，也就是不得善終，應該和兩宮的本卦，也就是艮和兌的基本精神密切相關。漸卦（䷴）下卦為艮（☶），遇到危險就會止步，因而情緒穩定，不致亂了陣腳。歸妹（䷵）內卦為兌（☱），心中喜悅，最容易衝昏了頭，這時候警覺性最低，免疫力最差，最沒有抵抗力。再遇上外卦震（☳）的急於爆發、企求達成，當然獲得「无攸利」的結果。

八宮以兌宮殿後，歸妹成為八個歸魂卦的最後一卦，啟示我們：漸很可能陷入歸妹，但歸妹卻很不容易跳脫出來回頭走到漸卦，這真是不幸而且相當無奈！

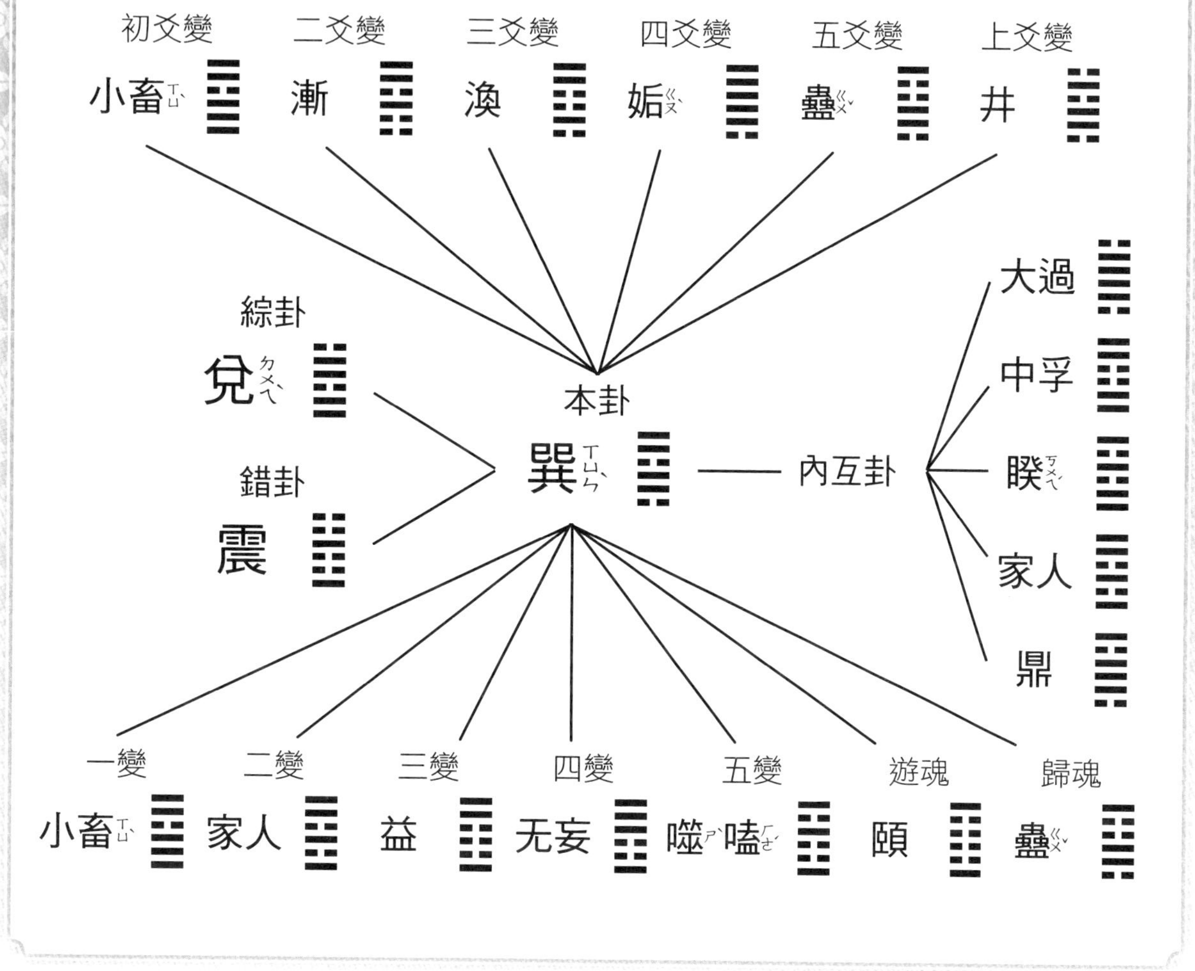
初爻變
二爻變
三爻變
四爻變
五爻變
上爻變
小畜ㄒㄩˋ
漸
渙
姤ㄍㄡˋ
蠱ㄍㄨˇ
井
綜卦
兌ㄉㄨㄟˋ
錯卦
震
本卦
巽ㄒㄩㄣˋ
內互卦
大過
中孚
睽ㄎㄨㄟˊ
家人
鼎
一變
二變
三變
四變
五變
遊魂
歸魂
小畜ㄒㄩˋ
家人
益
无妄
噬ㄕˋ嗑ㄏㄜˊ
頤
蠱ㄍㄨˇ

我們的建議

1 先天八卦的順序，明明是乾一、兌二、離三、震四、巽五、坎六、艮七、坤八，而京房八宮卻將兌宮列在最後，而以歸妹（䷵）為歸魂卦的殿後，值得我們深思。

2 「初難知」的意思，應該是初爻剛開始，變數很多，尚不能定位。最好抱持入境問俗的心態，尋求可敬可靠的導師，給予合理有效的指引，以便能從適應中逐漸獲得成長。

3 接下來循序漸進、謙恭守正、持中求恆，務求站穩腳步，依循「二多譽、三多凶、四多懼」的警示，不緩不急、見招拆招，隨機應變而不投機取巧，加上見微知著而不見異思遷，毅然而退、適時而進，務求立於不敗之地。

4 有機會來到四爻，必須以「履虎尾」的心情，輔助君位適時調整，避免「亢龍有悔」或「龍戰於野」。這時候如何遊魂、歸魂，完全看四爻能否及時自我調整，做出合理有效的應變，期能力挽狂瀾，而又能保住團隊的安全。

5 漸卦（䷴）和歸妹（䷵），分別為艮宮和兌宮的歸魂卦。漸卦得善終，歸妹則終无所利。兩相比較，我們自然心中有數，凡事欲速則不達，現代人尤須特別加以重視。

6 我們先將漸卦（䷴）和歸妹（䷵）分別探索一番，看看各有何啟示，然後再一併加以檢視，應該有助於進一步瞭解：如何化解歸妹的危難而獲得漸的玄機。

《第五章》

漸卦六爻說些什麼事？

漸卦啟示我們腳踏實地，凡事務實，
欲速則不達，圖快反而誤事，無法達成目的。

風俗習慣是循序漸進地自然孕育而成，
人與人之間的信任也急不來，急進只有反效果。

現代人常將快、快、快掛在嘴邊，一切都要求快，
形成速食文化，虛度人生，無法帶來實質成長。

女子婚嫁是人生大事，最好依禮儀逐步進行，
現代形式可變，而實質意義和價值不容輕忽。

三陰三陽，象徵男女雙方人格平等，
然而如何安排才妥當、安全而持久，值得深究。

現代人既忙碌又緊張，有賴漸道來安頓身心，
千萬不要認為時代不同了，便任意加以拋棄或扭曲。

一・少年涉世須知世途艱險

漸卦（䷴）揭示社會進化和事物發展，必須順乎自然、循序漸進的道理。事緩則圓，採取自然孕育的方式，以期水到渠成，總比違反規律、急功冒進來得安全、有效得多。

漸卦（䷴）卦辭說：「漸，女歸吉，利貞。」「漸」是卦名，用女子出嫁為例，來說明漸變的道理。「歸」便是女出嫁，從認識、交往到婚配，若是有一個漸進的過程，通常都會比較妥當而吉順。無論如何，保持貞正的操守，對男女雙方都有利。有漸變就有突變，現代人求新求變，又喜歡加快速度，一見鍾情、閃電結婚，實在應該用心細讀漸卦的啟示。

初六爻辭：「鴻漸于干，小子厲，有言，無咎。」小象說：「小子之厲，義無咎也。」「鴻」即鴻雁，飛行時排列有序，而且寒來暑往，與四季的漸進密切配合。漸卦（䷴）六爻，都以鴻雁的飛行做為譬喻，十分有趣。初六不當位，與六四也不相應。「干」指湖邊低下的旱地，「雁」是水鳥，常常漸集於此。初六位卑未安，有如童孩小子，在湖邊嬉戲，未免危厲。在這裡引申為鴻雁飛到水岸邊，遭到一些年少無知的孩子戲弄、追趕，很可能發生危厲。幸好鴻雁十分可愛，很逗人喜歡，因此有人提出勸告，不要干擾鴻雁，所以无咎。初六爻變為家人卦（䷤），象徵鴻雁與人產生一家人的感覺，使得初六的危厲，在合情合理的情況下，獲得化解而无咎。也可以引申為初出茅廬的年輕人，常為舊人所嫉妒、毀謗，難免危厲。雖然與六四不相應，表示乏人照顧，但只要立身以正，不犯理背義，逐漸融入社會人群，自然也就无咎了。

漸 53

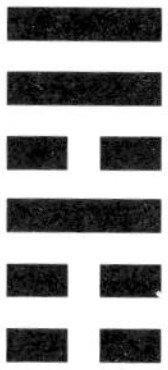

初六，鴻漸于干，小子厲，有言，无咎。

「鴻」是鴻雁，群棲於水中，是一種水鳥。隨著季節變化，冬季向南，夏季北往，所以稱為候鳥。初六不當位，與六四也不相應。「干」指水邊的岸地，正好是下卦艮山的底下。鴻雁成群結隊，飛到岸邊山腳，遭到一些年少無知的孩子加以追趕、戲弄，很可能發生危厲。幸好鴻雁十分逗人喜歡，因此有人提出不要干擾的警告，所以沒有禍害。倘若無人阻止，鴻雁受不了孩童的干擾，不得不繼續前進，那就會亂了行程、傷了體能，必然有禍害。

凡事一開始，就要依循漸進的原則進行。

二、地位稍為穩固必須盡責

漸卦（䷴）彖辭說：「漸之進也，女歸吉也。進得位，往有功也；進以正，可以正邦也；正其位，剛得中也；止而巽，動不窮也。」「漸」的意思為漸進，「漸之進也」即為漸進。卦辭所說的「女歸吉」，是用「女子出嫁循禮漸進才能獲吉」來加以印証。「進得位」指漸卦自二至五爻，都是陰居偶位、陽居奇位，各得其正位。象徵按部就班、循序漸進，所以往而皆有功。一切遵循正道而行，可以安邦定國。「正其位」特指九五陽居奇位，又為上巽中爻，所以剛正居中。漸卦（䷴）下艮上巽，艮為止而巽為入，表示行動不但深入，而且還能夠適可而止，才得以動而不至於窮困，「吉，利貞」由此而來。

六二爻辭：「鴻漸于磐，飲食衎衎，吉。」小象說：「飲食衎衎，不素飽也。」鴻雁從初六的水邊，漸進到岸邊的磐石上面。下卦為艮，〈說卦傳〉指出：「艮為黔喙之屬」，「黔」為黑，「喙」即鳥嘴，黑嘴的鳥在這裡棲息。六二當位，又與九五相應，表示可以脫離小子的干擾，獲得安樂了。「衎衎」的意思是和樂。飲食和樂，象徵食物豐足，不需要競爭，可以放心地呼群共食，和樂吉祥。「不素飽」即不純然為了求飽，而且還能夠安然漸進。六二爻變為巽卦（䷸），表示無位無援的初六小子，已經脫離遭忌不安的危厲，獲得穩如磐石的祿位。「不素飽」也可以解釋為不白吃公糧，也就是不會無功受祿，所以樂在工作，也願意上承九五，提供合理的支援。由剛入社會，有很多不適應的地方，到逐漸瞭解、適應，融入其中，自然「飲食衎衎」，能與大家和樂相處，自己也得以心安了。

漸 53 ䷴

六二，鴻漸于磐ㄆㄢˊ，飲食衎ㄎㄢˋ衎ㄎㄢˋ，吉。

「磐ㄆㄢˊ」指岸上的大石，稱為「磐ㄆㄢˊ石」。「衎ㄎㄢˋ衎ㄎㄢˋ」是和樂的氣氛，不完全為了求飽，還要求能夠安全漸進。六二當位，居下卦中爻，深知本分所在，也能持中守正，又與九五相應，當然吉祥。六二爻變為九二，便成為巽ㄒㄩㄣˋ卦，象徵無位無援的初六，已經脫離遭忌不安的危厲。六二、九三、六四有坎象，所幸六二處在坎的初期，坎水象徵酒食，因此仍然和樂。

腳步站穩之後，更要持中守正，才能吉祥。

三◦離叛群類勢將一去不返

漸卦（䷴）大象指出：「山上有木，漸；君子以居賢德善俗。」漸卦下艮上巽，〈說卦傳〉告訴我們：「艮為山，巽為木」。下卦象山，上卦象木，所以說「山上有木」。山勢由低逐漸升高，山上的樹木，也是由小逐漸長大。君子從這種自然現象中，體會賢良品德和善良風俗，都是逐漸孕育而成的。因此君子的責任，即在增進自己的賢良善德，躬親實踐，發揮良好的參考力，使大眾樂於仿倣，蔚為良好風氣。山上有木，必待逐漸茂盛；社會進化，也應該逐漸演變。

九三爻辭：「鴻漸于陸，夫征不復，婦孕不育，凶。利禦寇。」小象說：「夫征不復，離群醜也；婦孕不育，失其道也，利用禦寇，順相保也。」由岸邊的磐石再進一步，到了陸地。「夫」指陽，便是九三。「征」為行，即外出。陸地離水邊較遠，理應適可而止。初六、六二為柔爻，較能漸進而合乎艮的要求。但是九三以剛居陽，又居六四陰柔之下，因此難以靜止，反而急求上往而偏離漸道。好比丈夫外出，不再返回，或者婦人不懷孕、不生育。夫不成夫、婦不成婦，當然凶險。這種違背漸道的表現，只有在抵禦寇盜時才有，倘若用同樣的精神來克制自己的私心和偏見，也就有利而無害了。鴻雁重視群體行動，初六、初二都不急進，只有九三脫離雁群而急進，又一去不復返，是一種離叛群類的可醜行為。好比婦人孕而不育，同樣不合漸道。九三、六四當位親此，最好相互保護，各自克制。九三爻變為觀卦（䷓），象徵不但是要做給自己看，也應該做給別人看。

漸 53

九三，鴻漸于陸，夫征不復，婦孕不育，凶。利禦寇。

岸邊的磐ㄆㄢˊ石，再進一步，便是陸地。九三當位，居下艮ㄍㄣˋ究位，象徵陸地離水邊較遠，鴻雁應該適可而止。「夫」為陽，在這裡指的是九三。「征」為外出，「不復」是不再返回。婦既不能懷孕，也不能生育，這種夫不成夫、婦不成婦的異常現象，都是九三陽居陽位，過分躁進所造成的惡果。初六、六二都不急進，九三居艮ㄍㄣˋ的主爻，反而不知止而急進，當然凶險。這種違背漸道的剛直躁進作風，只有在抵禦外寇時有利，平日理應自我克制，才能趨吉避凶。

偏離漸道、剛直躁進的人，很可能一去不復返。

四。進程中抱持卑巽較穩妥

漸卦（䷴）和否卦（䷋）和較，很容易發現否卦三陽在上、三陰在下，由於陽氣上升而陰氣下降，上下不相交，以致否塞不通。漸卦下卦三陰，已經有一陰爻上交，而上卦三陽，也有一陽爻下交。上下逐漸能夠相交相入，象徵漸是用來消否的。藉著剛柔相交，逐漸化凶為吉。

漸卦（䷴）和渙卦（䷺）相較，便知渙卦下坎的九二進而居於三爻。漸卦（䷴）和旅卦（䷷）相較，可發現旅卦上離的九四進而居於五位，這就是「進得位，往有功」。無論由渙而來或由旅而來，都應該逐漸的進，才會有良好效果。

六四爻辭：「鴻漸于木，或得其桷，无咎。」小象說：「或得其桷，順以巽也。」鴻雁來到陸地，由於六四已經脫離下艮而進入上巽，巽為木，因此飛到小山的樹林上。「桷」指平展的樹枝。其他鳥禽，可以依靠腳爪抓握樹枝，安穩地棲息在樹上。但鴻雁和鴨子一樣，僅有足掌而無爪，不能抓握樹枝。因此，倘若不是平展的枝幹，鴻雁是無法站穩的。幸好六四當位，尚能得到平展可棲之處，所以无咎。「或」即「或者有機會找到平展樹枝」，以及「或者找不到平展樹枝，那就危險不安了」的雙面意思。好在六四居巽的下位，雖然以陰柔乘九三剛健之上，還是能夠保持卑巽的態度善待九三，使得九三也不致為難六四，因而得以平安無事。六四爻變為遯卦（䷠），表示倘若不能卑巽，那就準備要逃走了。六四能否无咎，要看能不能「得其桷」？所以不言「吉」，只說是可能「无咎」。九三、六四、九五中互為離卦（䷝），看來平安的機率相當大。

漸 53 ䷴

六四，鴻漸于木，或得其桷(ㄐㄩㄝˊ)，无咎。

「木」指樹木，六四脫離下艮(ㄍㄣˋ)進入上巽(ㄒㄩㄣˋ)，飛到小山的樹枝上。「桷(ㄐㄩㄝˊ)」是平展的樹枝，鴻雁有足掌而無爪，只有在這裡才站得穩。由於鴻雁成群，而平展的樹枝比較難尋，象徵六四當位，卻夾在九五和九三這兩陽爻之間，必須在六四承九五和六四乘九三之間，尋找合理的平衡點，有如站穩在難得的平展樹枝上，才可能无咎。倘若六四在這種情境下，還渾然不覺自己正處於六四、九三、六二的坎水頂端，應該更謹慎小心為是，就不免會招致凶禍了。

歷程中變數很多，要時時警惕，以溫順平和為妥。

五・誠心求賢終必如願以償

〈序卦傳〉說：「物不可以終止，故受之以漸；漸者進也。」漸卦（䷴）的前一卦為艮卦（䷳），含有適時抑止的功能。然而事物不應該永遠被抑止，必須提供發展的空間，所以接下來便是漸卦。我們從兩卦的爻象來看，把艮卦（䷳）的六五爻變成九五，立即成為漸卦（䷴），可見由抑止到發展，最好採取漸變的方式，由漸變累積起來再產生突變，比較安全、順利、方便，合乎自然規律，也合乎倫理要求。

〈雜卦傳〉說：「漸，女歸待男行也。」以女子出嫁，應該等待男子禮備而後行，來比喻漸進的義理。急事尚須緩辦，何況是喜事、大事、好事？所以興奮之餘，仍須保持理智啊！

九五爻辭：「鴻漸于陵，婦三歲不孕，終莫之勝，吉。」小象說：「終莫之勝，吉，得所願也。」「陵」指高地，鴻雁一路由水邊飛過來，已經到了最高的境地，引申為「飛龍在天」，登上君位，已無可再升了。此時必須尋求賢士輔佐，以求增進政治效益，如此才能明君賢臣，相得益彰。但是這種遇合至為難得，好比恩愛夫妻往往聚少離多，以致三年都沒有懷孕。九五當位，與六二相應。這一對明君賢臣，當中隔著九三、六四、九五三爻，所以用「三歲」來表示時間的久長。二五都當位，各得其正，象徵心心相印、默契良好。即使再怎樣的拉開距離，也有如夫婦般恩愛，絕無離異之心，因而說「終莫之勝」，最終能夠達成願望，吉順。九五爻變為艮卦（䷳），象徵上下同心協力，邪惡的阻力必將停息。也就是明君求賢臣，終必如願以償。「順以巽」的功力，果然宏大。

漸 53 ䷴

九五，鴻漸于陵，婦三歲不孕，終莫之勝，吉。

「陵」指高地，象徵九五貴位。鴻雁一路由水邊飛過來，已經抵達九五高地，引申為「飛龍在天」，登上貴位，無可再升了。九五當位居中，又與六二相應，實在是循序漸進的理想情況。但是九五與六二這一對明君賢臣，當中隔著六四、九三、六二這三爻，所以用「三歲」來表示時間的久長。有如夫婦闊別三年，不能成孕。但由於九五、六二均持中守正，能夠克服險阻凶禍，最終達成應合的願望，因而吉順。

誠心求賢士輔助，終能完成大業。

六、威儀可瞻有賴行止不亂

漸卦（䷴）下艮(ㄍㄣˋ)為少男，上巽(ㄒㄩㄣˋ)為長女，卦辭說：「女歸吉」，看似在談論婚嫁。實際上長女配少男，簡直是枯楊生華，是一種可醜的現象，不符合倫理要求。「漸」的用意，是指有如女子出嫁，必須一步一步逐漸發展，與婚姻無關。

大象說：「山上有木」，但是卦爻辭中，只有六四爻辭與木稍有牽涉，其餘都和山、木無關。因為「漸」的本義，是以水的由淺而深、水面的由近及遠，來倡導「行之以漸」的道理。漸卦六爻，都以鴻雁為主體，表示漸進是連貫的。初六在水岸邊上，六二進入岸邊磐(ㄆㄢˊ)石，九三進入陸地，六四飛上樹枝，九五飛到山崗，上九回到陸地——所有的行動，都是形容鴻雁逐漸改變的過程。即使過程變來變去，但鴻雁做為主體，是不能變的。

上九爻辭：「鴻漸于陸，其羽可用為儀，吉。」小象說：「其羽可用為儀，吉，不可亂也。」鴻雁由水岸邊到磐(ㄆㄢˊ)石，又飛上陸地，到山上的樹林。而九五已經是最高的陵，再往前走，應該是向下了。九三為陸，上九也是陸，符合漸卦謙卑、知止的道理。「羽」指羽毛，「儀」為風範。鴻雁的羽毛，可以用來做為禮儀的裝飾，正如同高明賢士的美德，能夠當做大眾的典範。上九漸卦終位，並不當位，象徵志不在上而在下，引申為明哲賢士深知功成身退的藝術。因為「天道忌滿，人道忌全」，這種美德值得後人學習，所以說「其羽可用為儀」。「不可亂也」，指不可以祿利來惑亂這種止足的心志，才能吉祥。上九爻變為蹇(ㄐㄧㄢˇ)卦（䷦），表示倘若不能止足，就會漸行漸遠，終至寸步難行而招致凶禍，那就不吉反而有凶了！

漸 53 ䷴

上九，鴻漸于陸，其羽可用為儀，吉。

九三是陸，上九也是陸，象徵鴻雁由水岸邊到磐(ㄆㄢˊ)石，又飛上陸地，到山上的樹林，登上九五最高的陵，接下來應該往下走，才符合六六大順的規律，表現漸道的謙卑、知止。「羽」即羽毛，「儀」為風範。鴻雁的羽毛，可以用來做為禮儀的裝飾，表示高明賢士功成身退的德行，實在堪稱大眾學習的楷模。因為「天道忌滿，人道忌全」，上九爻變成蹇(ㄐㄧㄢˇ)卦，象徵若是不能止足，便會漸行漸遠，非但不吉順，反而有凶禍的可能。

知足能止的德行，才是大眾學習的楷模。

我們的建議

1 「登高必自卑，行遠必自邇」，漸卦（䷴）借用「山上有木」的自然景象，推衍出循序漸進的人生智慧。人生固然苦短，仍須按部就班，凡事不宜急躁求進，以免造成泡沫化的悲劇。

2 夫婦之道，必須由漸進而後彼此適應。現代人說結婚就結婚，一翻臉便要離異，顯然是一種不負責任的做法。主要問題在於「從一而終，行不失節」的美德，已經被現代人視為落伍而加以鄙棄了。

3 男女之間，最好由咸卦（䷞）開始，而後為家人（䷤）。這種循序漸進的風氣，必須由男女保持安全距離做起，嚴守夫婦的禮義，這也是漸卦對齊家的啟示，不可輕忽。

4 做事應該按照合理的程序，一步一步完成，態度方面則需要巽、艮並重。「巽」為巽順、謙卑，不驕傲待人；「艮」則是知止，不能任意超越。可見我們做人處事，都離不開漸道。

5 把漸卦（䷴）的上下卦交換，就成為蠱卦（䷑）。這兩卦互為交卦，都以少男和長女取象。長女誘惑少男為「蠱」，為什麼呢？因為一旦成為風氣，對男女交往、婚配、家庭倫理等方面，都將造成危機，必須慎為防止。

6 漸卦（䷴）有「漸行漸近」，也有「漸行漸遠」的可能，這才合乎「一陰一陽之謂道」。漸卦和晉卦（䷢）、升卦（䷭），都有其相近之處，也各有不同的地方。倘若能夠用心加以玩味，應該可以悟出更多的道理。玩賞《易經》，不但不會玩物喪志，而且能夠增進智慧，十分可貴。

《第六章》

歸妹卦

為什麼不善終？

漸卦巽ㄒㄩㄣˋ為女子在上，艮ㄍㄣˋ為男子居下，
男子求女子，象徵男娶女嫁的美滿。

歸妹兌ㄉㄨㄟˋ為少女在下，震為長男居上，
有女求男之象，象徵不正常的結合之道。

三陰三陽，三陰爻佔據了主要的位置，
上六與六五居九四之上，六三也居九二、初九之上。

女子的主動性大於男子，是不利的基礎，
現代人不明此理，更應該深切加以思慮。

要嫁給愛我的男子，而非我所愛的男子，
這才是經得起時間考驗的愛情結合情況。

愛我也是我所愛，這當然是上上之選，
但是一開始的選擇，仍然是以愛我的為優先。

一、嚴守長幼有序化危為安

歸妹卦（䷵）和漸卦（䷴）既相綜又相錯，可見這兩卦的關係至為密切。「歸」是嫁的意思，「妹」便是少女。卦名直接稱為「歸妹」，用意即在「妹隨姐嫁」。為什麼要這樣呢？因為古代帝王後宮，必須納有眾多妃嬪，目的在多子多孫，永保代代相傳。但是革卦（䷰）提示我們：「二女同居，其志不同行。」何況后妃之間明爭暗鬥，根本不可避免。因此姐妹同嫁君王，居於姐妹乃是骨肉親情，應該能減少彼此互相殘害的情形。由此也引申出兄弟、姐妹，共同追隨一位領導者，彼此之間應當如何相處的道理。

歸妹卦（䷵）卦辭：「歸妹，征凶，无攸利。」姐妹共事一夫，有如兄弟共同追隨同一位領導者，倘若彼此爭寵互鬥，必招凶禍，所以無所利。「征」為前行，有凶而無利。

初九爻辭：「歸妹以娣(ㄉㄧˋ)，跛能履，征吉。」小象說：「歸妹以娣(ㄉㄧˋ)，以恆也，跛能履，吉相承也。」「娣(ㄉㄧˋ)」是古代隨姐出嫁的妹，相當於妾，與姐為正妻相較，自然卑下。初九當位，居於下澤的低位，有「娣(ㄉㄧˋ)」的象。「跛」是不良於行，譬喻妾的伴妻，有如跛者的步履傾斜，所以說「跛能履」。倘若穩步向前，不擅自妄作主張，仍能吉順。妹隨姐嫁，或者弟伴兄投入同一機構，屬於以幼從長的關係。由於長幼有序，依次而行，雖然有些跛足，仍能步履安然。初九爻變為解卦（䷧），表示適時緩和負面情緒，重視長幼倫理，自然可以解除彼此之間的緊張關係。兄弟、姐妹的長幼有序，是自古不變的道理，順序承接，雖跛也能履，即使真有危厲，也終能化危為安，這是歸妹之道的首要準則。

歸妹 ䷵
54

初九，歸妹以娣（ㄉㄧˋ），跛能履，征吉。

初九當位，記取「潛龍勿用」的教訓，明明雙足健全能行，卻惟恐陽剛衝過了頭，因此想像自己不良於行。以古時隨姐出嫁的妹妹做為譬喻，即使身分不如正室，好比步履傾斜的跛子般，也要盡力而為，不能自暴自棄，以免讓人看不起，徒然擔誤了自己的前程。初九位於下兌（ㄉㄨㄟˋ）的底部，所以用「足」來形容。與上震的九四不相交，因此說「跛能履」，必須勉力向前行，才能吉順。初九爻變為解卦，表示適時緩和負面情緒，重視倫常，依序承接，雖跛也能履。即使有危厲，也能化危為安。

歸妹之道的首要守則在謹守倫常。

二、彼此體諒才能守常有利

歸妹卦（䷵）象辭說：「歸妹，天地之大義也。天地不交，而萬物不興；歸妹，人之終始也。說以動，所歸妹也。征凶，位不當也；无攸利，柔乘剛也。」女子出嫁，是天經地義的事情。男女婚配，和天地二氣相交同等重要。倘若天地二氣不相交，就無法生成萬物，所以說「天地不交，而萬物不興」。「終」是人生的結局，「始」是人生的開始。人類能夠生生不息，全賴女子出嫁，男子娶妻。下兌上震，象徵喜悅地隨行。妹隨姐出嫁，或是弟隨兄任職，都應該同心協力，才能以隨行為喜悅。倘若彼此爭寵鬥狠，那就「征凶」而無所利。「征」即進而爭鬥，「位」指妹或弟的地位，不當與姐或兄並列。歸妹卦（䷵）六三乘初九與九二、六五乘九四，都是柔乘剛。二、三、四、五爻都失位，所以說「位不當」也。以妹欺姐、以弟鬥兄，為人所共惡，當然不利。

九二爻辭：「眇能視，利幽人之貞。」小象說：「利幽人之貞，未變常也。」「眇」指瞎了一隻眼，「眇能視」意思是只能勉強看得見。九二與初九都是「娣」，初九爻辭已經有「歸妹以娣」字句，這裡省略不重複。初九得位，與九四不相應，所以說「跛能履」。九二失位，但與六五相應，因此說「眇能視」，都是偏而不正，用以形容妾的身分。初九以能順承姐意為吉，九二指嫁後的態度，以幽靜恬淡自居，守持貞正才有利。「未變常也」，是指九二具有剛中的氣質，雖不當位，應該也不致失常，所以能夠「利幽人之貞」。九二爻變為震卦（䷲），表示倘若不能謹守幽靜的貞德，那就可能引發大震動，造成凶禍了！

歸妹 54 ䷵

九二，眇ㄇㄧㄠˇ能視，利幽人之貞。

九二、六三、九四互卦為離，是「目」的象徵。九二居下兌ㄉㄨㄟˋ中位，「兌ㄉㄨㄟˋ」為缺，所以九二目有不良症狀，稱為「眇ㄇㄧㄠˇ能視」，勉強還看得見，頂多是視力模糊，看不清楚而已。「幽人」表示幽靜恬淡的修養，以柔為正。九二既不當位，有如「眇ㄇㄧㄠˇ能視」，當然不能因為與六五相應而妄自表現，所以表現得幽靜恬淡，才能以剛就柔、和諧相處。九二爻變成震卦，象徵不能幽靜恬淡，便會急躁妄動，自找麻煩了！

謹守自己的分寸，以靜、柔為上策，才能和諧相處。

三。既然答應在先就應守分

歸妹卦（䷵）大象說：「澤上有雷，歸妹；君子以永終知敝。」下兌為澤，上震即雷。潭可以儲水，倘若久旱不雨，澤無水便困了。雷每能催雨，我們常說「雷雨大作」，便是雷催雨降，於是潭水就充足了。妹隨姐出嫁，呈現出姐的動帶來妹的希望，十分符合「澤上有雷」的象徵。君子從這種自然景象當中，體會到永遠保持男婚女嫁的制度，才能承前代的終而接後代的始，並且明白附帶而來的弊病，謹慎予以化解。〈說卦傳〉指出：兌為口舌，為妾，為毀折。所以卦辭直接道出：「征凶，无攸利。」無論行止，都應該特別小心謹慎。

六三爻辭：「歸妹以須，反歸以娣。」小象說：「歸妹以須，未當也。」六三居下兌究位，失正乘剛，象徵有取代姐姐地位的歹念。以陰居陽，表示有改變妾的身分，成為正妻的想法。「須」的意思是等待。等待什麼？等待上六大老的支持。但是六三與上六不相應，表示六三陰柔無才德，只知以美色討丈夫的喜歡，根本是不守本分的賤女，怎麼能夠有這樣的邪念呢？原本是「娣」，僅能反歸現有的位置。因為六三爻變為大壯卦（䷡），象徵人道既正，天道也大，並不容許六三這種不能自止的行為。「未當也」，意思是六三不當位，不安於本分。以妾犯妻，實在不妥當。姐妹共事一夫，妹有意與姐爭奪正位；兄弟共事一主，弟存心取代兄的位置，都是「未當也」。家庭倫理喪失，怎能使人安心信任？對自家兄弟、姐妹，尚且如此，一旦動起歹念，上司、丈夫怎麼承受得了？爻辭不言「凶」，自己應該心中有數。

歸妹 54

六三，歸妹以須，反歸以娣ㄉㄧˋ。

「須」是需要等待。六三不當位，與上六不相應，象徵陰柔無才德，只知以美色討人喜歡，根本就不守本分。倘若對自己的位置不滿意，想要加以改變，必須等待上六大老的支持。但是六三爻變為大壯卦，象徵人道既正，天道也大，不容許六三有這種不能自止的行為。就算等到上六爻變為睽ㄎㄨㄟˊ卦，也是其志不能同行。看來六三的自處之道，還是以安分守己為要。

如有承諾，必須堅守信用，不可反悔。

四、要不要追隨應思慮周詳

〈序卦傳〉說：「漸者進也，進必有所歸，故受之以歸妹。」歸妹卦（䷵）的前一卦為漸卦（䷴），「漸」的主旨在穩健漸進，能漸進自然有所歸宿，所以接續而來的便是歸妹卦（䷵）。

妹要不要隨姐嫁？要依時代的背景而制宜。倘若出於自願，即使法律規定一夫一妻，仍然有例外，這是大家心知肚明的事情。既然出於自願，那就應該遵循歸妹之道。初九和九二，象徵妹隨姐嫁的先後，初九指順承姐意隨嫁為吉，九二即嫁後必須謹守幽靜美德。六三不安於本分，有妹犯姐的意圖，顯然有違歸妹之道。四的告誡，五的觀念，以及上的到頭一場空，又是帶給我們哪些啟示呢？

九四爻辭：「歸妹愆(ㄑㄧㄢ)期，遲歸有時。」小象說：「愆(ㄑㄧㄢ)期之志，有待而行也。」六五是歸妹卦主，九四居六五之下，為六五之妹，也就是隨姐（六五）出嫁的妹。九四不當位，又與初九不相應，顯然失去隨姐出嫁的意願，因此「愆(ㄑㄧㄢ)期」，亦即到了婚期卻不肯隨行。「遲歸」便是晚嫁，等待良時。六五柔弱，妹恐隨嫁之後，自己的剛強個性難以配合，不如提出待時而嫁的要求，表示不隨姐出嫁，以免增加姐的累贅。九四處於上震初位，為上卦主爻，是否歸妹？這時候必須有所決定。九四爻變為臨卦（䷒），表示已到臨場，應該及時表態，避免「至于八月有凶」，嫁過去之後再生波折。可見要不要隨姐出嫁？將來後果如何？都應該預為思慮。實際上，是明白卦辭提示的「征凶，无攸利」，做出明確的決定。歸妹人選必須謹慎，有意見應該提前表示才好。

歸妹 54

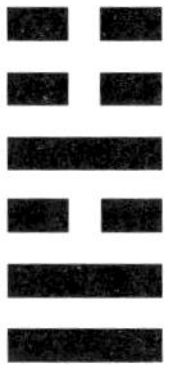

九四，歸妹愆ㄑㄧㄢ期，遲歸有時。

「愆ㄑㄧㄢ」是延，「愆ㄑㄧㄢ期」意即過期。六三、九四、六五互坎為月，錯離為日，日月象徵期間。「遲歸」就是晚嫁。由於九四與初九不相應，象徵不輕易嫁人，必待佳偶而後嫁，因而遲歸。「有時」即等待時日。既然已經遲了，再等等又何妨？九四爻變為臨卦，表示已到臨場，最好自己拿定主意，不要輕率決定方為上策。

未遇適當對象，再等等無妨，不可輕率決定，以免後悔。

五．品德重於才氣謙能受益

〈雜卦傳〉說：「歸妹，女之終也」，「終」指最後的歸宿，和「未濟，男之窮也」相對待。「窮」即事不能成或尚未成，都是男人的困窮。女子到了適婚年齡，自以出嫁為宜。但是歸妹的情況頗為特殊，是妹隨姐而嫁，引申為兄弟姐妹是否要在同一個場所工作？對一般人來說，各自發展並非那麼容易，手足若能同處一地，彼此有所照應，當然會有好處。然而，凡事有利就有弊，必須事先以「征凶，无攸利」為戒，大家集思廣益，好好商量。一旦下定決心，就應該共同遵守歸妹之道，把長幼有序的規矩，以及慎選對象的法則切記心頭。寧可遲些時日，也要有所等待而後行，才能「知蔽永終」。

六五爻辭：「帝乙歸妹，其君之袂，不如其娣之袂良；月幾望，吉。」小象說：「帝乙歸妹，不如其娣之袂良也；其位在中，以貴行也。」古例天子諸侯，都是以嫡長子為接班人，所以娶媳婦時，當然也要選嫡長女。「帝乙」是天子，六五指帝乙的嫡長女，九四為隨嫁的妹。六五是歸妹卦主，「其君」即為六五。「袂」是衣袖，在這裡代表才氣比不上其妹九四，所以說「其君之袂，不如其娣之袂良」，九四「愆期有待」原因即在於此。但九四的期待，有如將近十五的月，快圓滿而尚未圓滿，因此說「月幾望」。「幾」為將近，「望」是滿月。六五不當位，卻與九二相應，具有居中得位的貴氣，也就是德行，所以寧可選六五為元妃，也不能使九四滿足其願望，如此方為吉順。六五爻變為兌卦（䷹），表示品德重於能力，使人心悅誠服。因為謙能受益，而有才氣的人，卻經常會因為驕傲自大而狂妄誤事。

歸妹
54

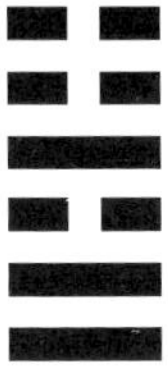

六五，帝乙歸妹，其君之袂ㄇㄟˋ，不如其娣ㄉㄧˋ之袂ㄇㄟˋ良；月幾望，吉。

帝乙是殷商的帝王、紂王的父親。帝乙將妹六五嫁給當時只是諸侯九二的周文王。六五是歸妹卦主，「其君」指的就是六五。「袂ㄇㄟˋ」是衣袖，在這裡引申為才氣比不上其「娣ㄉㄧˋ」，也就是其妹九四。九四「愆ㄑㄧㄢ期」，原因即在於此。然而九四的期待，有如將近十五的月，快圓滿卻尚未圓滿，所以說「月幾望」。月亮幾乎快要圓滿，象徵六五的謙遜與九二的德行相配，當然吉順。六五爻變為兌ㄉㄨㄟˋ卦，表示品德重於能力，使人心悅誠服。

位高尊貴仍能謙和待人，顯示謙能受益。

六、虛情假意不會有好結果

咸卦（䷞）艮下兌上，艮為少男而兌即少女，視少男追求少女為男女相悅，日久生情之道。恆卦（䷟）巽下震上，震係長男而巽為長女，示明婚前婚後應該互相配合的心態轉變，以求白首偕老的恆道。歸妹卦（䷵）下兌為少女，上震是長男，老夫配少妻，並非婚姻的正道，因此有人解釋為兄長主婚，以帝乙為兄，來主持妹的婚禮。實際上古禮王侯遇妻去世，並不再娶，以妾補正。所以春秋時代諸侯嫁女，以妹隨嫁，用意在借重姐妹的親情，減少後宮的禍害。文王透過妾的自處之道，譬喻兄弟姐妹的言行進退，在「凶，无攸利」的大前提下，警示人們如何化解歸妹弊端的道理。

上六爻辭：「女承筐，无實；士刲羊，无血，无攸利。」小象說：「上六无實，承虛筐也。」歸妹的正道，以承順為吉。上六居於六五姐位之上，象徵妾妹爭寵，把正姐當作空筐而無所承順。這種有名无實的歸妹，好比男士宰刲羊隻，宰的是見不到血的死羊。抱持不誠實的心態，供奉缺乏誠信的祭品，就算形式上有歸妹的表示，也是虛情假意，終久不會有好結果。上為終位，與六三不相應，象徵歸妹終於無成。上六陰爻，中空無實，顯然所奉持的，不過是一個空無所盛的虛筐，毫無誠意。上六爻變為睽卦（䷥），象徵姐妹「二女同居，其志不同行。」遇小事，尚能勉強湊合而吉；遭遇大事，那就不吉了！歸妹卦（䷵）上震形如虛筐，果然到頭來一場空。像這樣的歸妹，還不如一開始就不必勉強，因為卦辭已經明示：「凶，无攸利。」何苦呢！

歸妹 54

上六，女承筐，无實；士刲ㄎㄨㄟ羊，無血，无攸利。

上六處上震的頂端，震的形狀有如仰盂，上面是空的。歸妹卦發展到上六，可以説空無所有，因此「无攸利」，不得善終。上六當位，卻與六三不相應，而且和六五一併乘在九四陽剛之上。九四一動，上六便和六五一起搖搖晃晃。這種虛而不實的情狀，好比男子殺了一頭見不到血的死羊，女子提著一只空無一物的竹籃，徒有形式卻毫無實質，當然無所利。上六爻變為睽ㄎㄨㄟˊ卦，象徵上六與六五志不相同，而上六又是震動的末端，力道就更為虛弱了。

虛情假意不如實事求是來得妥當。

我們的建議

1 妹隨姐嫁，通常並不多見。堯帝為了考驗大家所推舉的接班人，也就是以孝聞名的舜，於是把自己的女兒娥皇、女英嫁給他，應該是十分具有代表性的案例。堯帝的這種做法，完全是在測試舜的齊家能力，為公不為私，符合天地的大義。

2 歸妹固然是嫁妹，但是所有言行進退，都可依此類推。不奉正命、不合人情、不遵天道而勉強行之，應該都屬於「征」的範圍，所以「凶」而「无攸利」，最好盡量避免。

3 自古以來，父子兵精誠團結的案例很多，而兄弟鬩牆的慘劇則令人傷悲。按理兄弟之情如同手足，兄友弟恭也是友愛的情誼，但是兄長的威嚴和慈愛，畢竟不及父親，所以歸妹之道，對每一代人來說，都十分重要。

4 歸妹卦（䷵）下兌（ㄉㄨㄟˋ）上震，表示剛能順柔。天下萬事萬物，大多柔能克剛。但其結局，卻是陰以陽為歸宿，才能實而不虛，以免成為上六的无實。女子出嫁應嚴守正道，以柔順為本，發揮內助的功能。倘若反其道而行，必凶。

5 夫婦在日常生活中，難免會因為意見不同而生氣、爭執。最好體會歸妹之道，明白姐妹之間尚須互相體貼，妹承順姐；何況夫婦需要同心協力、齊家立業，彼此之間更應該互信互諒、互相瞭解，才有可能長保和睦。

6 兄弟要不要變成同仁？或是分道揚鑣、各奔前程？最好聽聽父母的高見。因為知子莫若父，必能提供合適的建議。兄弟能夠同心合力當然很好，但若不然，也不必勉強才是。

《第七章》

怎樣看待
漸卦和歸妹？

漸為男娶女，歸妹為女嫁男，
女以嫁為得終，必須待男娶而後行。

男女交往，以漸進為宜，不可亂其次序，
女子品德高尚，才能融入夫家，促成美滿姻緣。

漸之前為艮ㄍㄣˋ，象徵男子到適婚年齡，便不可不漸；
歸妹之後為豐，表示娶良妻有助家運的豐盛。

漸卦卦辭：「女歸吉，利貞」，重點在女方要緩；
歸妹卦辭：「征凶，无攸利」，警示女方自重，不要過急。

漸是艮ㄍㄣˋ宮的歸魂卦，而歸妹為兌ㄉㄨㄟˋ宮的歸魂卦，
漸止漸行，真誠喜悅是考驗重點，切勿自欺欺人。

不要看到歸魂卦就心生恐懼，
其實結局有吉有凶，完全由雙方互動決定。

一、人生的目的在求得好死

全世界各民族的哲學觀，或多或少都會觸及「人生的目的」這種課題，答案則是千奇百怪，各種說法都有。但是，對中華民族而言，「求得好死」應該是最為傳神的觀點。「求得好死」並非不生病而死，也不一定要死在自己的家裡，最主要的關鍵，在於「死得其時」而又「死得其所」。只要心安理得、毫無愧怍，便是好死，我們稱為「善終」，和「慎始」連在一起，即為「慎始善終」。

其實「慎始」是慎始，而「善終」又是另外一回事。「慎始」未必「善終」。不能「慎始」，但及時知反，有時也得以「善終」。這種變化，十分符合「一陰一陽之謂道」的精神。既然不一定，就應該看著辦。中華民族的應變力和靈活性，在這裡已然充分體現。

倘若六十四卦代表人生的六十四種類型，各自由「初難知」，歷經「二多譽、三多凶、四多懼、五多功」，來到「上易知」。初爻象徵「始」，二、三、四、五爻為「歷程」，上爻便是「終」。乾卦（䷀）上九「亢龍有悔」，坤卦（䷁）上六「龍戰于野」，都在警示我們：不論上九或上六，過於積極進取或過分謹慎穩健，都不一定能夠求得善終。但是，上九的三十二個爻辭中，含有「无咎」或「有利」的，佔百分之六十三；上六的三十二個爻辭中，含有「不利」的，卻高達百分之七十四。可見同樣居於全卦頂端，物極必反，上九陽居陰位，不當位又不中，卻由於具有陰陽協調的作用，遠比上六當位，具有更大的善終可能性。面臨最終的轉變，上六的陰柔謹慎，不如上九的陽剛節制來得有利。「不過剛」比起「過柔」，在這裡顯現出更多的利基，值得我們深思。

慎始未必能善終

- 上爻 — 易知。上六的陰柔謹慎，不如上九的陽剛節制來得有利。「不過剛」比起「過柔」，在善終方面，佔有更多的利基。
- 五爻 — 多功。六五與九五，柔中與剛中，同樣具有聚合人才的功能。
- 四爻 — 多懼。六四當位，比九四更方便建立較佳的上下關係。
- 三爻 — 多凶。六三不當位，其風險性比當位的九三為高。
- 二爻 — 多譽。要看和五爻的相應與否，以及上下爻際關係，才能整體判斷吉凶。
- 初爻 — 難知。慎始能否善終，著實難料。由於遭遇的變數太多，所以必須步步為營。

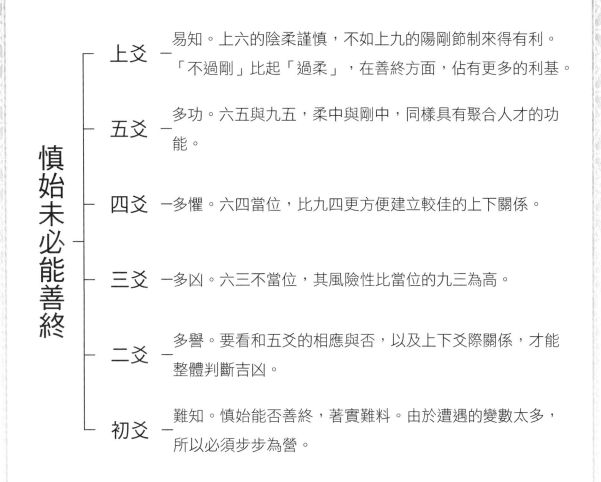

二．歸妹可以視為漸的終了

漸卦（䷴）下艮上巽，象徵巽木生長在艮山之上，十分符合自然現象。樹木在山上，由樹苗逐漸長大，成為喬木，這是一段漸變的歷程。從無到有，由小到大，象徵一般系統逐漸演變的規律。艮為男、巽為女。男向上求女，女向下而從男。兩情相悅而漸變為女有所歸，合乎自然。

歸妹（䷵）下兌上震，象徵澤水蒸發成氣，雷出於雲，化而成雨，又歸返於澤。人生從哪裡來，又回到哪裡去。引申為所有系統漸進的結果，都必有所歸。歸妹（䷵）震能從兌，剛能順柔，象徵陰柔是萬物的根源。老子說：「柔弱勝剛強」，因為「反者道之動，弱者道之用」，而且「天下萬物生於有，有生於無」。人生是漸變的歷程，然而不管怎樣變，最後都是歸妹卦（䷵）上六所說「承筐无實，刲羊无血」，也就是我們常說的「生不帶來，死不帶去」，到頭來都是一場空。

現代人只談戀愛不結婚，即使結婚也不生男育女，正好是歸妹上六的寫照，的確是「无攸利」了。擴大來看，現代人只相信看得見的「有」，不相信看不見的「无」。到臨終時，才發現原來「有」都是假的，反而「无」才是真的，是不是悔之過晚，已經枉走一生？

倘若及早明白歸妹是漸的終結，應該可以提早覺悟「寧可終生不悟，千萬不要臨終前才悟」的道理。「人之將死，其言也善」，這句話說明了人在臨終之日，大多都能覺悟。那麼，為了避免最後發生「不得好死、死不瞑目」這種無法彌補的遺憾，我們就只剩下一條正道可走，那便是盡可能地提早覺悟。

歸妹是歸魂卦中的總歸魂

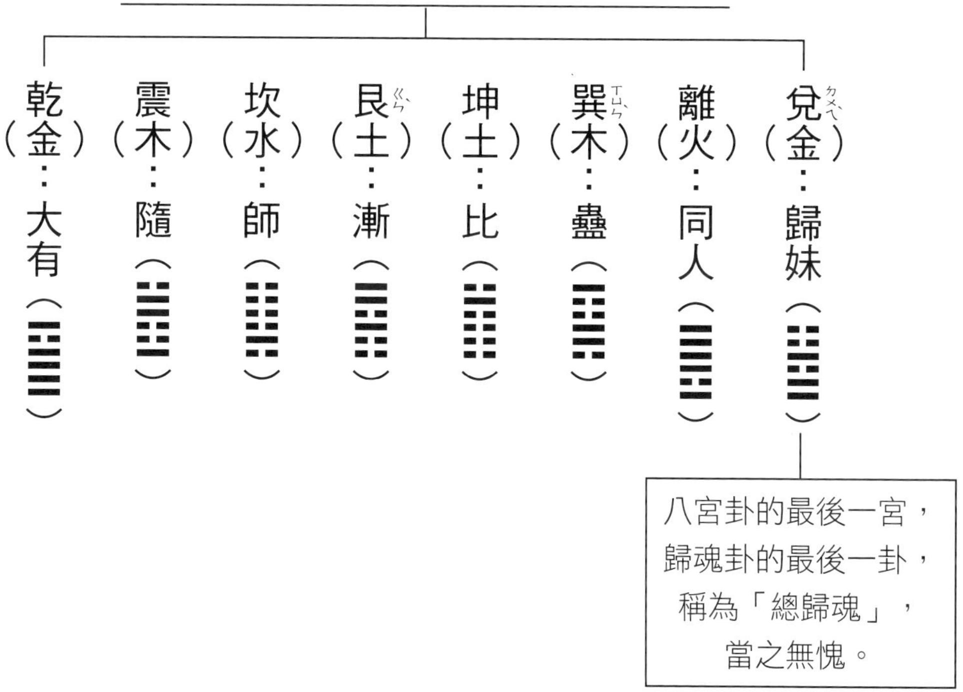
乾（金）：大有
震（木）：隨
坎（水）：師
艮（土）：漸
坤（土）：比
巽（木）：蠱
離（火）：同人
兌（金）：歸妹
八宮卦的最後一宮，
歸魂卦的最後一卦，
稱為「總歸魂」，
當之無愧。

三、在漸變中尋找合理歸妹

人一生下來，便沒有例外地走向死亡。人生最有趣的，即為人人都知道自己有一天會回老家，只是不知道是在什麼時候、什麼情況下往生？相當於一生都在漸變中尋找合理的歸宿，期能求得好死而心安理得！

《易經》所揭示的人生智慧，似乎都在幫助我們完成此一心願。易道之所以扶陽抑陰，目的在於激勵我們朝向正大光明的目標，多多發揮正能量，為人群社會創造更多去否（ㄆㄧˇ）保泰的機運。漸卦（䷴）和歸妹（䷵），都是三陰三陽的卦，為什麼漸的卦辭是「歸吉，利貞」；而歸妹卻是「征凶，無攸利」呢？我們從卦象來看，差別即是「陽在陰上」或「陰在陽上」有所不同而已，啟示我們：結局決定於過程。

漸卦依序漸進，有條不紊。以女子出嫁為例，最好是一禮接著一禮，遵循合理程序進行，不應該一見鍾情，僅憑一句「我愛你」，便認為自己已經找到真愛，甚至於閃電結婚。

歸妹在漸之後，表示循序漸進是結婚前的程序，而歸妹則是結婚後的過程。一開始就自認為由外人變成內人，從愛人突變為夫人，無視於「征凶，無攸利」的警語，不能夠逐漸適應、改善而融入夫家，必然就會出現上六「承筐無實」的不良結局。現代人常有「合不來就離婚」的念頭，更容易催生這樣的果實。默默無聞的人，大多比較有機會好死；有名、有利、有勢的人，反而經常控制不了自己，往往到了不得好死之際，才悔之莫及。歸妹卦並非完全沒有解藥，否則為什麼後面還會有豐卦（䷶）呢？其實只要能夠反求諸己，仍然充滿無窮希望！

漸 ䷴
53

男女交往，
最好循序漸進，
不要一見鍾情，
僅憑一句我愛你，
便自認為找到真愛，
結果不久便感情破裂，
害得年邁雙親
老淚縱橫。

（結婚前）

歸妹 ䷵
54

既然結婚了，
就要適應新環境，
把自己融入夫家，
真正成為一家人。
只有在臥室裡才是夫妻，
一旦離開臥室，
角色就應該合理轉換，
才能有豐碩收穫。

（結婚後）

四、歸妹是人生大事要慎重

人類為求生生不息，必須一代傳一代，才不致後繼無人。「歸」指女子嫁人，「歸妹」便是少女于歸，這是人生大事，所以彖辭說：「天地之大義……人之終始」。《易經》中論及婚姻的，主要為咸（䷞）、恆（䷟）兩卦。咸卦（䷞）下艮上巽，以少男下少女；恆卦（䷟）下巽上震，以長女承長男，年齡相若。歸妹（䷵）下兌上震，以少女承長男。為什麼咸卦「亨，利貞」；恆卦「亨，无咎，利貞」，而歸妹卦卻「征凶，无攸利」呢？或許是少男少女容易鬧情緒、起爭執，導致家運不安；長男長女通常都比較能幹，也更為固執，因此需要堅定的毅力，才能長久維持。而少女和長男的結合，看起來情緒較不穩定的少女，受到身心成熟的長男細心照顧，應該能夠喜悅互動。即使偶有爭執，也會由於長男的妥善因應而相安無事。但是，老夫少妻所引起的嫉妒，也很有可能衍生出許多問題。古時候天子一娶十二女，諸侯一娶九女，主要是為了永續傳宗接代，確保有子孫可以承接。然而，妻妾成群所引起的嫉妒和爭寵，每每造成後宮鬥爭，實在非常殘忍，當然是「征凶」了。

漸卦（䷴）下艮上巽，以長女配少男，在年齡上更說不過去，所以只是用來作為譬喻，並非真的談論婚嫁。大過卦（䷛）下巽上兌，明明是兩個女人，哪裡有「老夫得其女妻」、「老婦得其士夫」？可見也是作為譬喻而已。

由此觀之，男女的結婚年齡固然重要，但兩人之間的年齡是否相當？彼此有多大差距？最好也要仔細思量，務期化「无攸利」為「利有攸往」，使「不善終」轉為「善終」。

五倫以夫婦居首，表示十分重要

出發點要純正	年齡要考慮	家庭背景要衡量
最好是 一生只戀愛一次 所愛的人 便是結婚的對象 有長久相守決心 因此必須慎始	少男少女 老夫少妻 老婦少夫 雙方年齡 是否相當？ 能否相配？	嫁入富人家 永遠被懷疑動機不純正 娶了富家女 一輩子當長工 雙方家世過分懸殊 生活習慣不容易調適

事先多瞭解、多思慮，可減少事後的煩惱與悔恨！

五、由爻變看女歸如何漸進

漸卦（䷴）下艮代表男子的穩重，有責任感，不致見異思遷、喜新厭舊，才是女歸的好對象；上巽象徵女子的柔順，不急躁，也不放縱，成為男子結婚的好伴侶。艮為內卦，巽居外卦，表示男子成家後仍在家裡，而女子于歸之後則居住在家外。三陰三陽而初六上九，顯示「男主外、女主內」的原則，實際上仍具有時代意義，否則為什麼現代離婚率居高不下呢？當今婚姻問題嚴重，漸和歸妹這兩卦，更具有研究價值。初六爻變為家人（䷤），提示男女雙方漸走漸近，就應該存有成為一家人的意思，戀愛的目標，最好是結婚的對象。六二爻變為巽卦（䷸），必須深入瞭解對方的為人處事原則，是否符合自己的要求？九三爻變成觀卦（䷓），進一步觀察雙方家庭及周遭環境，推測可能造成的影響。六四爻變為遯卦（䷠），對於負面的因素，看看有沒有改變的可能？或者採取暫時退避的方式，看看後續結果如何？九五爻變成艮卦（䷳），必須停止時，就要好聚好散，以免上九爻變為蹇卦（䷦），形成寸步難行的困窘，難以解決。換一種角度來說：男女雙方在交往過程中，倘若有難以處理的事情，最好暫時冷靜，或者抱持退避的心態，仔細觀察前因後果以及可能產生的變數，再深入研判事情的真實情況，以家人的心態互相體諒，更加容易循序漸進。

停、看、聽，是我們處理事情時常用的方式，暫時停止，待準備妥當時再出發。漸卦安排在艮卦後面、歸妹卦的前面，似乎也是循序漸進的一種象徵。男女各正其位，自然順成。

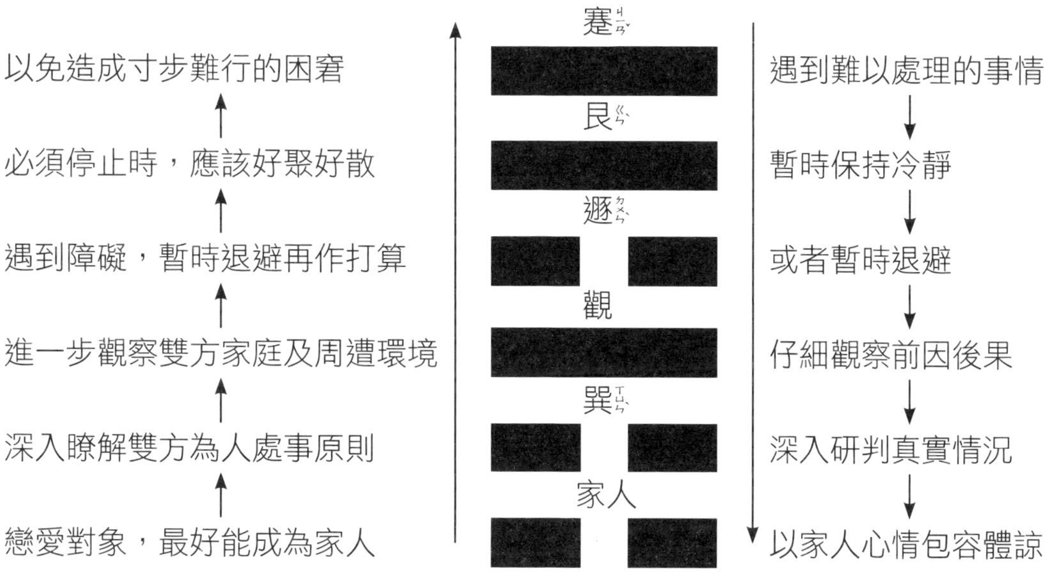
以免造成寸步難行的困窘
必須停止時，應該好聚好散
遇到障礙，暫時退避再作打算
進一步觀察雙方家庭及周遭環境
深入瞭解雙方為人處事原則
戀愛對象，最好能成為家人
蹇
艮
遯
觀
巽
家人
遇到難以處理的事情
暫時保持冷靜
或者暫時退避
仔細觀察前因後果
深入研判真實情況
以家人心情包容體諒

漸卦

六爻變

六、彼此和悅才是理想歸妹

歸妹（䷵）卦辭：「征凶，无攸利。」倘若從卦象來體會，男子動於上，女子悅於下，警示我們：夫妻關係只建立在男歡女愛方面，勢必招致凶險而無所利。必須雙方內心和悅，具有白頭偕老的充分準備，絕對不能抱持現代人不合即離、有小事便吵翻天的心態，還好意思說什麼：「不在乎天長地久，只在乎曾經擁有」，這完全是不負責任的藉口。

初九爻變為解卦（䷧），提示夫妻雙方，都要有化險為夷的共識，凡事用心化解，不急於立刻解決。九二爻變成震卦（䷲），每一次的震動，不能迫於情勢，口頭表示改過而持續犯錯，必須內心覺醒、真心悔悟，才符合六三爻變為大壯（䷡）的要求。九四爻變成臨卦（䷒），惟有雙方持續成長，才能在生命中最為成熟的壯年，預料將來可能衰敗的情況，及早做好防患準備，務求臨危不亂、處變不驚。六五爻變為兌卦（䷹），便是夫妻經過這麼久的磨合，彼此和悅，也能和氣待人。上六爻變成為睽卦（䷥），表示子女長大、各自分家之後，老夫老妻才是真正知心的老伴。

換一種角度來看：女子于歸，既然是人生大事，自己應該明白「家才是人群社會最小單位」，不能違背家風，尋找使自己背離家人的對象。不但自己心中喜悅，而且要多加努力，使可觀的喜事早日來臨。如有妄自稱大或自以為是的想法，必須及時制止，重新啟動原有的觀念與行動，緩和負面情緒，解開不協調的干擾或心結，使好事終成。「男有分，女有歸」，結合成就美滿家庭。

子女長大，各自分家，老夫老妻才是知心老伴

彼此和悅，也能和氣待人

務求臨危不亂，處變不驚

真心悔悟，才能安泰有作為

不能迫於情勢，口頭認錯

凡事用心化解，不急於立刻解決

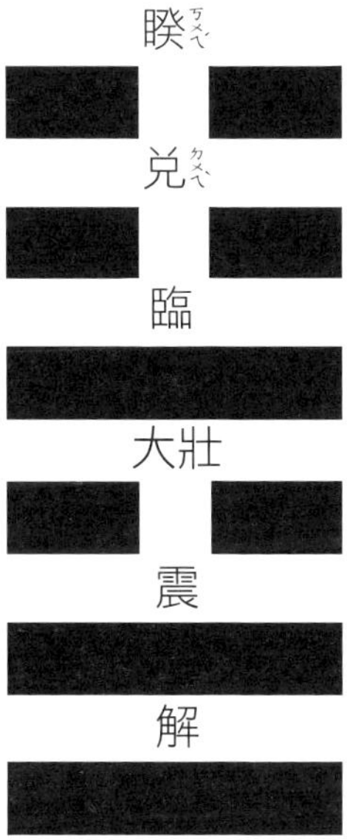

不能違背家風，去尋找使自己背離家人的對象

自己喜悅，也要家人歡迎才好

使可觀的喜事早日來臨

如有妄自稱大、自以為是的想法，必須及時制止

重新啟動原有的觀念與行動

解開不協調的干擾或心結，使歸妹有終

歸妹

六爻變

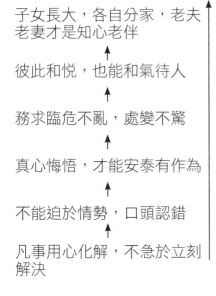

我們的建議

1 漸卦（䷴）是艮（䷳）宮的歸魂卦，稱「艮」不稱「止」，啟示我們該止則止，而該進仍然要進。進退之道的最終原則，莫過於「漸」的順止，依序緩慢地前進。

2 歸妹（䷵）是兌（䷹）宮的歸魂卦，兌即心中的喜悅，必須真實而又正當，才能順天理之正，應人心之公。兩澤相連，互相滋潤之道，以歸妹最為難能可貴，應該特別慎重加以看待。

3 晉（䷢）是上進，升（䷭）為上升，漸（䷴）則是漸進。這三卦都求進，但各有不同要領。上進時要柔順，上升時應順勢，而漸進時則不能急躁。三者的共同點，都在於適可而止。

4 咸（䷞）是男女感應的相與，貴在專一而篤實；恆（䷟）為男女結成長久的夫妻，貴在守恆而長久；歸妹（䷵）則是人的終始，是承先啟後的關鍵。家家戶戶，都應該把這三卦所啟示的道理，當做人生大事看待。

5 人與人有機會相遇，稱為「姤」（䷫）。這時候彼此互不瞭解，不宜貿然有所承諾，最好能多加觀察，以誠相待。由志同道合而聚集，即為萃（䷬）。然後循序漸進，走上歸妹的結合。萃卦（䷬）是兌宮的二爻變，可以視為歸妹的前奏。

6 萃卦（䷬）的綜卦是升卦（䷭），彼此互相勉勵、充實內涵、修養品德，使志同道合的同道，能夠互相勉勵、共同提升。接下來，我們就要看看萃、升兩卦，在人生旅途中的實際應用。

《第八章》

萃卦
為什麼列在兌宮？

萃（䷬）列兌ㄉㄨㄟˋ卦，為二爻變的卦，
六爻都无咎，當然喜悅；下順上悅，无咎。

天地萬物聚散無常，聚合興而離散衰，
聚合時要慎防離散，所以必須聚以正才能亨。

陰陽和悅順從，是好聚好散的根本，
兌ㄉㄨㄟˋ宮一爻變不過是困，二爻變才是萃。

象徵道不行必困，只有順天理才能萃，
因此不能得意忘形，必須戒慎以防發生轉化。

萃卦六二爻變，即成為困卦（䷮），
表示下坤的心志不能亂，否則必然陷入困境。

萃卦的綜卦為升（䷭），一下子轉入震宮，
警示我們可升才升，不可升千萬不要強求才好。

一。誠信為促進團結的因素

萃卦（䷬）由下坤上兌(ㄉㄨㄟˋ)組成，坤為地而兌(ㄉㄨㄟˋ)即澤。澤居地上，水有所歸匯，象徵會聚的情境。全卦揭示事物彼此會聚的道理，尤其重視人與人在政治關係中的會聚情況。卦辭說：「萃，亨。王假有廟，利見大人，亨，利貞。用大牲吉，利有攸往。」「萃」是卦名，意思為「會聚」，有亨也有不亨，所以這一個「亨」字，最好暫時保留，因為它是有條件的，不可能所有的會聚都亨通。當會聚的時候，君王用美德感動神靈，會聚不忘本的精神拜祭宗廟，所以說「王假有廟」。「大人」指九五剛中居尊，見到大人當然有利，因此說「利見大人」。會聚的目標正大，能守持貞正，才能亨通。以豐厚牲禮拜祭，可獲吉祥。這樣的會聚，利於有所溝通。

初六爻辭：「有孚不終，乃亂乃萃，若號，一握為笑，勿恤，往无咎。」小象說：「乃亂乃萃，其志亂也。」初六與九四相應，象徵誠信互動。但是萃的時代，地位鄰近的最容易聚集。下坤三陰連在一起，其中六三上承九四，近水樓台，有利於捷足先登。於是初六心生疑惑，始信而終疑，所以說「有孚不終」。第一個「乃」是發語辭，第二個「乃」為其，「亂其萃」是指使原本想會聚的亂掉了！該不該與九四會聚呢？要不要實現呢？當初六想到九四已經與六三會聚時，忍不住號咷大哭。但是一握手，也就是在彈指間，想到自己與九四的關係時，不禁又笑了。「勿恤」是鼓勵自己不必憂慮，往聚九四必然无咎。初六爻變成隨卦（䷐），象徵隨著原先的念頭，不因初六失位而亂了意志，前往與九四會聚，才符合「勿恤」的鼓勵，可以往而无咎。

萃 45

初六，有孚不終，乃亂乃萃，若號，一握為笑，勿恤，往无咎。

萃的時代，鄰近的人最容易聚集。初六雖然與九四相應，但是居下坤三陰之始，反而與六二、六三更加親近。同時六三上承九四，也使得初六心生疑惑，可以說對九四始信而終疑，所以說「有孚不終」。初六想到九四和六三比鄰相聚時，忍不住號咷大哭。但是在一握之間，也就是一彈指間，很快的又笑了。「勿恤」是鼓勵自己不必憂慮，往聚九四必然无咎。初六爻變為隨卦，象徵隨著原先的念頭，不因初六不當位而亂了心志，循自然規律前往，與九四會聚，才符合「勿恤」原則，得以无咎。

堅持誠信原則，才是會聚正道。

二、態度不同內心誠信一致

萃卦（䷬）彖辭說：「萃，聚也；順以說，剛中而應，故聚也。王假有廟，致孝享也；利見大人，亨，聚以正也；用大牲吉，利有攸往，順天命也。觀其所聚，而天地萬物之情可見矣。」「萃」是聚的意思，「說」為悅。下坤上兌，即是下順上悅，加上九五剛中，與六二柔中相應，象徵會聚。王者以美德感化民眾，假借祭祀祖先，在宗廟會聚，目的在促使大家不忘根本，並且知恩報本。廟會祭祀時，國人自然相聚，見到君王，於是上下歡聚，自然亨利。為了表達至誠，祭品豐盛，用大的牲禮，可獲吉祥。這時候有所往必將有利，是說必須順從天命，才是正當的會聚。觀察會聚的道理，可以想見天地萬物的真情，是多麼的自然！

六二爻辭：「引吉，无咎，孚乃利用禴。」小象說：「引吉，无咎，中未變也。」六二當位，居下坤中爻，能守正。雖然初六與六三都急於與人會聚而困擾，六二卻不因與九五相應而前往會合，反而是耐心等待九五的牽引才肯出動。象徵不喜歡奔走鑽營，才能吉祥。在萃道中，大家忙於會聚，六二這種態度，往往是吃虧的。但是六二守中，誠信可靠，不必討好奉承，九五自然會主動前來牽引，所以无咎。「禴」指夏祭，由於尚未到收穫的季節，祭品通常較微薄。「孚乃利用禴」，表示祭品雖然薄劣，但只要虔誠祝禱，可保无咎。因為六二爻變為困卦（䷮），象徵處於農村尚未收穫的困境，六二守中誠信，仍然虔敬祀神，可免於禍咎。雖然初六、六二對於會聚的態度不同，但內心的誠信卻是一致的，所以結果都是无咎。

萃 45

六二，引吉，无咎，孚乃利用禴ㄩㄝˋ。

六二當位，居中，又與九五相應，條件良好且能守正，所以耐心等待九五的牽引，然後才出動。象徵不奔走鑽營，才能吉祥。在萃道中，大家忙於會聚，六二這種態度，反而沒有後遺症。「孚」指誠信，不必討好奉承，九五自然主動牽引。「禴ㄩㄝˋ」為夏祭，由於尚未收穫，祭品通常比較不豐盛。「孚乃利用禴ㄩㄝˋ」，表示祭品雖然薄劣，虔誠祝禱可保无咎。六二爻變為困，象徵農村處於尚未收穫的困難狀況，應更加虔誠守中，方為中道。

誠於內不可改，外在表現則隨時合理調整。

三、未能團結自然覺得苦悶

萃卦（䷬）大象指出：「澤上於地，萃；君子以除戎器，戒不虞。」萃卦下坤上兌，澤在上而地在下，象徵澤上於地。澤水匯集在大地之上，有如人們聚集在一起，日久必將生亂。君子觀察這種現象，領悟出治國的道理：必須修治兵器，以防止不測的變亂。澤氣蒸發成為雲雨，是無形無象的變化。水澤聚於地上，若是氾濫成災，也是有害。眾人會聚時，為了防止爭奪、搗亂，必須嚴格通關檢查。對於兵器管制，尤需特別謹慎，以小心防範為上策。

下坤三爻，都是有意與人會聚，由於處境不同，所以心態並不一樣。人多口雜，各有不同的態度。觀察會聚的狀態，可以看出人生百態，果真是各有盤算，變化無窮。

六三爻辭：「萃如嗟如，无攸利，往无咎，小吝。」小象說：「往无咎，上巽也。」六三不當位，居下坤上爻，象徵陰柔不中，瞎撞亂投。先欲與六二會聚，但六二已受九五牽引。待要與九四類比，而九四已經與初六相應。「萃如」為本來有聚集的意思，卻由於投聚無門而嗟嘆，所以說「嗟如」。六三爻變即成咸卦（䷞），象徵本來能夠與上六相感應，現在卻因為失位而不能如願。正當投聚無所利之際，上六也由於無所應而悲傷流淚，於是同病相憐。只要六三決心前往與上六聚合，相信上六為兌卦之主，必定欣然接受，所以說「往无咎」。六三在投聚無門時，才想起上六。即使上六寬大包容，自己反省起來，還是有幾分羞愧，難免小吝。上六以柔居極，象徵巽順，而能接受六三，易於會聚。

萃 45 ䷬ 六三，萃如嗟如，无攸利，往无咎，小吝。

六三不當位，居下坤究爻。陰爻不中，象徵瞎投亂撞。先要與六二會聚，但六二已受九五牽引；想要和九四親比，九四卻已和初六相應。「萃如」指本來有會聚的意思，「嗟如」便是投聚無門而嗟嘆。六三爻變為咸卦，象徵原本能與上六相應，卻由於失位而不能如願，所以「无攸利」。但是上六也因為無所應而感到悲傷，因此只要六三決心前往相聚，上六為兌ㄉㄨㄟˋ卦之主，必定欣然接受，因此「往无咎」，只是有幾分羞愧而已。

萃道重團結，三心兩意必然自尋煩惱。

四、鞏固領導中心至為必要

萃卦（䷬）由下坤上兌（ㄉㄨㄟˋ）組成，澤上於地，象徵會聚。人類在很多方面都不如動物，難以獨力成事，必須聚集眾人，才能群策群力，朝向同一目標而努力。「人以群分，物以類聚」，表示人與人之間，有了相遇的機會，自然會有志同道合、聚集在一起的情況。〈序卦傳〉說：「姤（ㄍㄡˋ）者，遇也；物相遇而後聚，故受之以萃。」姤（ㄍㄡˋ）卦（䷫）重在遇合，事物在遇合之後，才能會聚，所以接下來便是萃卦（䷬）。下坤上兌（ㄉㄨㄟˋ），象徵下坤三爻意欲會聚，而上兌（ㄉㄨㄟˋ）三爻則是會聚的對象。但是上兌（ㄉㄨㄟˋ）三爻，是不是採取一致的步調呢？看來也是相當有問題！

先看九四爻辭：「大吉，无咎。」小象說：「大吉，无咎，位不當也。」九四不當位，按理說應該招致禍咎才對，為什麼反而「大吉，无咎」呢？原來九四上比九五、下比坤卦三陰。當會聚的時候，「五」為君位，是眾人聚集的重心；「四」是輔助大臣，其言行舉止，對眾人產生很大的影響。九四下據三陰，成為眾所矚目的人物，由於位高權重，很容易引起九五的猜疑，因此必預特別小心謹慎，做到「無所不周，無所不正」，才足以擔當這樣的大任。能夠如此，也就大吉而无咎了。九四爻變成為比卦（䷇），象徵上比九五、下比三陰，都能夠無所不周、無所不正。即使不當位，也由於完善大吉，而無從獲咎。「大吉」是先決條件，然後得以「无咎」。倘若不能做到無所不周、無所不正，也就是不立大功，那就容易由於位不當而有所咎害了。把下坤三陰的向心力，通通會聚在九五身上，現代稱為「鞏固領導中心」，那就對了！

萃 45 ䷬

九四，大吉，无咎。

九四不當位，卻擁有六三、六二、初六的聚合。倘若謹守近臣之道，當然大吉。若是不能率群陰以順九五，那就不可能无咎。「大吉」的先決條件，在善盡職守，有始有終，明白自己的不當位，在警示自己不當君位，千萬不可由於下坤的歸順而妄自稱大。九四爻變為比卦，象徵上比九五、下比三陰，都能夠無所不周，才能大吉。

聚合同道，歸順領導中心，才能吉順。

五・人心有所歸附自然團結

有遇合的機會，稱為有緣，縱使千里相隔，也可能前來遇合。但是遇合有兩種可能：一為遇而不能合，我們說這個是有緣無分；一是遇而能合，有緣也有分。姤卦（䷫）之後繼之以萃卦（䷬），意即遇而能合，才有後續發展的可能。現代交通如此繁忙，大家忙於奔走，無非是姤與萃的現象。姤卦（䷫）五陽一陰，表示爭取民心是當務之急。因為陽多陰少，象徵不忠不義的人，實在太多。萃卦（䷬）四陰二陽，則告訴我們，值得投靠的偉大領袖，也並不多見。四陰是求聚的人，二陽才是萃聚人才的主人。初六迷亂、六三羞吝、上六流淚，只有六二有定見、能堅持，獲得引吉。求主得聚，顯然十分不容易，值得大家珍惜，不可錯失。

九五爻辭：「萃有位，无咎。匪孚，元永貞，悔亡。」小象說：「萃有位，志未光也。」九五當位居中，又是至尊，是有德有位的萃卦卦主，成為聚眾的感召中心。但是九四近臣，擄有三陰群眾，致使九五有德有位，也只能有其號召團結的名分，所以說「无咎」。「匪」為非，「孚」即誠信。九五為什麼得不到人民的信服呢？因為下坤三陰有九四相隔，難以通達誠信的心意。「元」是眾善之長，「永」為久，而「貞」即貞正。「元永貞」的意思，是九五既有陽剛尊長的美德，只要永久保持正固，便可以避免「匪孚」的禍咎，而得以无悔。九五爻變為豫卦（䷏），象徵心志未為光明、不足以團結人心的悔憾，將由於九五的「元永貞」而消除，產生喜悅的心情。九四首先承命，下坤三陰也將歸心，「志未光」的遺憾，自然也就得以消亡了！

萃 45 ䷬

九五，萃有位，无咎。匪孚，元永貞，悔亡。

九五當位居中，為正位之君，所以說「萃有位」。但是下坤三陰代表民眾，都聚合在九四這位近臣身旁，以致九五有位而無民，反而要看九四是否忠貞，才能无咎。然而求人不如求己，所以九五自己永久保持正固，自然可以避免「非孚」，也就是不誠信的禍咎。九五爻變為豫卦，象徵心志未為光明、不足以團結人心的悔憾，必須由九五自己的「元永貞」來加以消除。

人心能夠歸附，才能誠心團結。

六・求聚不得也應知危免害

人類的會聚，有純屬生計的需要，求分工合作，共同達成某種目標。也有充滿政治欲望，期望鞏固領導核心，以求會聚人才為民服務。倘若求聚不得，也不能徒自傷悲。因為在物種進化中，堅強完美而純潔的，叫做「萃」。「出類拔萃」，便是才識特別出眾的人士。當萃的時代，求聚不得，很可能不屬於當代的主流，也就是趕不上時代的人。上六位高而不為眾人所聚，可以當作借鏡，以自求多福。

上六爻辭：「齎咨涕洟，无咎。」小象說：「齎咨涕洟，未安上也。」上六當位，居萃的頂上，以柔乘九五之剛，當然很不利。下與六三又不相應，九五剛中難以凌乘。在這種失去「乘」也不能「應」的情況下，象徵被摒棄隔絕於外，當然只有嗟嘆流淚的份，怎麼可能无咎呢？「齎」是抱持，「咨」為嗟歎，「涕洟」即是流淚加上流鼻水，象徵悲傷掉淚，十分悔恨。追究其主要原因，在於雖居上位，而心實不安。「未安上」可以說是人在外而不敢自安，悲傷掉淚使大家認為有悔意，於是獲得眾人的同情與寬恕，而得以免於禍咎。上六爻變為否卦（䷋），象徵倘若不能悲傷掉淚，博得大家的同情，那就反而不利了。澤在地上，表示水在地面，終久不如地上有水（比）那樣團結。只要稍微不能聚集，便有泛濫的危機。有如天下紛亂、人才分散，而無所歸向。此時，帝王要以正當方式聚集人才，使其成為事業的骨幹，便應該用心研究萃道。一方面要延攬良才，一方面也要防止叛亂，如何在兩難之間合理兼顧並重？才是遇而能合、合而能久的重要課題。

萃 45

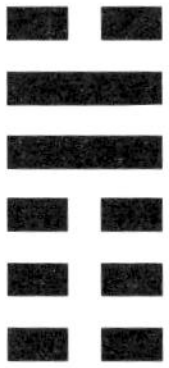

上六，齎ㄐㄧ咨ㄗ涕洟ㄧˊ，无咎。

「齎ㄐㄧ咨ㄗ」表示嗟嘆，「涕」是淚水，「洟ㄧˊ」為鼻水。上六居高難聚，與六三不相應，又以陰乘二陽之上，內心至為不安，以致嗟嘆流淚。上六的表現，獲得眾人的同情與寬恕，因而得以无咎。上六爻變為否卦，象徵倘若不能悲傷掉淚，博得大家的同情，那就反而不利了。

即使求聚不得，也應該知危以遠害。

我們的建議

1 萃的用意，在聚集精英，共同奮鬥。因此具有遠大目標，有聲望建立共識，能夠獲得英才的交心，成為大家樂於聚集的對象。德高望重的領導人物，當然是首選。

2 人多意見多，是必然的現象。立場不同，利害關係就不一樣。偏偏不平則鳴，又會造成料想不到的爭端。眾人聚集時，固然要防止動亂，更需要加強溝通，促使大家建立共識、同心協力，各自發揮長才，謀求團體的公益。

3 立廟祭祀，是一種精神號召，並非迷信。孔子認為「祭神如神在」，重點在與神明之間的感應，而不是偶像崇拜。祭品的厚薄，可量力而為，但是虔誠恭敬的心，卻絕對不可少。

4 天地萬物的聚集，講求陰陽調和，呈現「順以說（悅）」的狀態。人類會聚，也應該出乎真情。內外君臣，相聚歡慶，惟有共同走上正道，才是順應天理的真情表現。

5 萃卦（䷬）下坤上兌，兌為海洋而坤即陸地。但是陸地可能變成海洋，海洋也可能變成陸地。萃卦的交卦便是臨卦（䷒），象徵萃聚人才，需要大德大譽的非常人物。

6 萃卦（䷬）的錯卦為大畜卦（䷙），象徵君子畜大德，然後可以體天行道，會聚賢能。萃卦（䷬）的綜卦是升卦（䷭），意思是人類必須提升自己的素養，才能有利於萃道。中互卦有漸（䷴）、咸（䷞）、觀（䷓）、剝（䷖）等卦，最好一併加以探討。

《第九章》

升卦和震宮
有何關係？

升卦（䷭）列在震宮四爻變的卦，
九三、六四、六五、上六，呈現震（䷲）的象。

卦辭特別指出「南征吉」，向南即「前進」，
我們常說「敗北」，意思是後退，因為南進北退。

南代表「離」，象徵前進才有光明，
向光明升進，自然亨通，所以說「元亨」。

倘若把九二到上六，看成一個「震」（☳）象，
初六便是升（䷭）卦的最大警訊——「允升」。

下巽ㄒㄩㄣˋ（☴）一陰爻在二陽爻之下，各安其位，
表示守本分才能安心，有人信任、提攜才順心。

震的下面有一個陰爻，提示下面是空的，
愈往上爬升，愈要注意那個空的尾巴才好。

一、秉持誠信由漸升進而吉

「升斗小民」代表收入微薄的平民百姓，「升斗微官」則是俸祿不多的基層官吏。而「升官發財」、「步步高升」，則是很多人的願望。升卦（䷭）的意思是「向上、前進、上升」，啟示我們向上升進時，應該如何發展的道理。卦辭說：「升，元亨，用見大人，勿恤，南征吉。」「升」為卦名，由下巽（☴）上坤（☷）組成。「巽」為風為木，地中生出樹木，節節向上。由於基礎良好，根部穩固，所以「元亨」，表示一開始就亨通。「用」是宜的意思。卦中陽爻不當尊位，令人不免憂慮。最好能夠出現大人，長保剛中美德，才能「勿恤」。〈說卦傳〉認為離是南方的卦，象徵光明。「南征」指升進時務須朝向光明目標，才能獲得吉祥。二、五兩爻陰陽相應，象徵大人的賞識。

初六爻辭：「允升，大吉。」小象說：「允升，大吉，上合志也。」「允」為信允，也就是誠信。初六以陰居陽位，卑微乏力，與六四並不相應。在這種情況下，要想有所升進，實在十分困難。但是初六上承九二、九三兩陽，抱持著柔順、誠信的心態。九二以剛中上應六五柔中，顯然是德位俱備。初六追隨這樣前程光明的九二，只要心懷誠信，把工作做好，不爭功、不諉過，也就有機會依靠陽剛的九二而升進。初六爻變為泰卦（䷊），象徵上下交而其志同，九二與初六上下相互交合，志向協同一致。「上合志也」，便是初六與九二的陽剛心志相合，因而「大吉」。但是，討好、奉承、諂媚，基本上都違反誠信的要求。初六隨順九二，必須合理地順從，而非盲從。同時，還要能夠循序漸進，才合乎正常的「允升」。

升
46

初六，允升，大吉。

初六以陰居陽位，並不當位。卑微乏力，與六四不相應，顯然沒有提攜的力量。「允」為信允，也就是獲得九二的信任。只要初六誠信追隨九二，把工作做好，不爭功諉過，便有機會隨著九二而升進。初六爻變為泰卦，象徵初六與九二上下交泰、志同道合，能夠協同一致，所以大為吉順。

獲得上級信任，秉持誠信柔順上升，大吉。

二、心存誠信還要謹慎小心

升卦（䷭）彖辭說：「柔以時升，巽而順，剛中而應，是以大亨，用見大人，勿恤，有慶也；南征吉，志行也。」升卦下巽上坤，上下兩個基本卦都是陰卦，具有陰柔的屬性。「時」指適時。「柔以時升」，說明六五以陰柔而居尊位，為升卦的卦主，符合「時」的需要，卑己而順人。當剛柔並濟時，又有九二剛中相應，這樣可柔可剛，各適其宜，所以能夠大為亨通。九五為剛明之位，升卦的六五卻有機會升進到尊位，顯然在升進的過程中，獲得大德人士的引進，不需要憂慮，因為這是值得舉國同慶的好事。目標正大光明，上升的志向得以施行，證明這是「巽而順」的大好美景。

九二爻辭：「孚乃利用禴，无咎。」小象說：「九二之孚，有喜也。」萃卦（䷬）六二爻辭的「孚乃利用禴」，意思是透過虔誠的祭祀，來表明誠信的心態。升卦（䷭）九二爻辭，同樣提示上升之時，必須祭天以表明誠信的心意。九二以剛中與六五柔中相應，雖不當位，卻居下巽中爻。由於行不失正，深獲六五的賞識。九二升進，並非為了六五的寵信，而是志在大業。有如心中虔誠，就算祭品不豐厚，也終將獲得神明的庇祐。明君用人，不為自己的私事，卻著重於公務。九二透過祭天的方式，得到六五的信任與賞識，不但无咎，而且必有喜慶。九二爻變為謙卦（䷎），象徵思想行動，都能夠以謙虛的態度，來表達內心的誠信。祭祀為神明所亨，求仕為人君所納，自己也有志得伸，當然大有喜慶。九二的大忌，在於遭受六五疑慮，必須謹慎小心，才能无咎。

升 46

九二，孚乃利用禴(ㄩㄝˋ)，无咎。

「孚」為誠信，「禴(ㄩㄝˋ)」指農耕尚未收穫之前的祭典，所供奉的祭品較為薄劣。古代認為祭天重質而養賢重量，因為天無形而賢者眾。誠信祭祀，不必介意祭品的薄重。九二雖不當位，卻能以剛中與六五柔中相應。由於行不失正，所以深得六五賞識。九二志在大業，有如心中虔誠，即使祭品並不豐厚，也終將獲得上天的庇祐。九二爻變為謙卦，象徵能以謙虛態度來表達內心的誠信，所以无咎。

以謙虛態度表達內心誠信，還需要謹慎小心。

三、升進過分順利後果難料

升卦（䷭）大象說：「地中生木，升；君子以順德，積小以高大。」地中生出樹木，是常見的現象。然而，為什麼有些地方比較容易生長？有些地方卻相對困難呢？樹木的生長，必須由發芽而至於高大。實際上在發芽之先，還有許多必要的條件。無論如何，總是順著時節而逐漸上進，則是我們應該學習的榜樣。君子觀察地中生木的升進狀態，悟出順從的美德，必須遵循〈繫辭．下傳〉所說：「善不積不足以成名」的道理。進德修業，應該積小成大，終成崇高的偉業。

九三爻辭：「升虛邑。」小象說：「升虛邑，无所疑也。」九三當位，居下巽上端，陽剛而志在往上升進。鄰接上坤，得三陰的協助，並無任何阻礙。九三與上六相應，卻不單為上六所歡迎。因為九三以陽實為貴，升入上坤陰虛之境，而六四、六五也都虛懷相迎，有如進入無阻礙的空間。無人與九三相爭，所以說「无所疑」也。「虛邑」表示無人之地，也就是虛空寂靜的郊野。升進的時候，既然受到上級的「虛邑」相迎，還有什麼可疑慮的？堅持正道升進，必將暢通無阻。九三爻變為師卦（䷆），象徵出師有利，如入無人之境。初六「大吉」、九二「无咎」、九三「升虛邑」，為什麼爻辭不說「吉」，只說「无所疑」呢？這是因為「虛邑」可能是無政府狀態的化外之地，一旦進入「虛邑」，才知道原來很不容易治理。功罪禍福，這時候完全要看人的作為，目前尚未可預料，當然難斷吉凶。「升虛邑」用意在提醒我們：若是升進過分順利，有時反而後果難料。換句話說，自己的實力與各種因素的配合，都十分重要。

升 ䷭ 46

九三，升虛邑。

九三當位，居下巽(ㄒㄩㄣ)上端，陽剛而志在往上升進。上坤三陰，也不加以阻礙。九三與上六相應，六五、六四也都對九三表示歡迎。「虛邑」象徵九三上升，如入無人之地，只要堅持正道升進，必然就能暢通無阻。九三爻變為師卦，表示九三出師有利。

升進過分順利，反而要特別小心謹慎。

四、恆久堅持誠信可保无咎

〈序卦傳〉指出：「萃者，聚也；聚而上者謂之升，故受之以升。」萃卦（䷬）的用意在會聚，人才會聚導致壯大而上進，那就是上升，所以接下來便是升卦（䷭）。「升」表示提升、上升、晉升，都是「積小以高大」的意思。升道的要旨，在以柔破堅而出，必須順其自然、循序而進，不可揠苗助長。卦辭提示「用見大人」，意指不可以走小人的途徑以求升進。「南征吉」則是不應該朝黑暗求進，必須要有光明正大的目標。初六柔順上承二陽，陰陽合志宜升；九二以剛中順應柔中，心存誠信必升；九三陽剛和遜，順升無礙。下巽三爻，初、二由漸進升而吉，三爻則相當冒險，要特別小心。

六四爻辭：「王用亨于岐山，吉，无咎。」小象說：「王用亨于岐山，順事也。」六四當位，上比六五君王，受其信任而在岐山代行享祀事宜，所以吉祥。商紂王在位時，文王為西伯。「岐山」即西山，「亨」同享。當時諸侯來歸西周的，約佔三分之二，而西伯完全加以接納，此舉引起商紂王的懷恨，於是下令將西伯囚禁於羑里。西伯並不反抗，不虧臣節，所以免於禍咎。在爻辭「吉」之下，還特別指出「无咎」的，暗示原本應該「有咎」。因為下巽三爻求升進，六四接納而享之，必然會引起六五的不滿。但是紂王無道，天下諸侯來投奔西伯，不可不順大家的情意。而紂王囚禁西伯，西伯也安然接受，這樣上下皆順，才能吉而无咎。六四爻變為恆卦（䷟），象徵順事的恆心與毅力，是吉而无咎的必要條件。西伯的升進，同樣是秉持誠信，由漸進升，終於天下歸心，使武王得以伐紂代商，進而擁有天下。

升

46

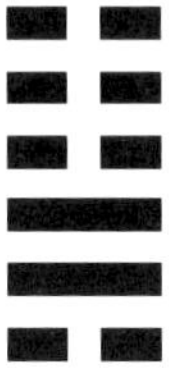

六四，王用亨於岐山，吉，无咎。

六四當位，又上比六五君王，受其信任，可以在岐山代行享祀事宜，所以吉祥。下巽(ㄒㄩㄣˋ)三爻求上升，六四接納而享之，必然引起六五的懷疑。初六、九二、九三、六四構成「坎」的大象，而六四居其上端，象徵伴君如伴虎，有相當的風險。六四爻變為恆卦，表示六四順事六五的恆心與毅力，成為能不能「吉，无咎」的先決條件。

恆久的柔順誠信，才能長保上級的信任。

五・步步高升當然大為得志

《易經》所說的變易，指的是變粗為精、變雜為純、變亂為理。人類的進化，由低級而高級，自野蠻而文明，從物質生活到精神生活，這就是升卦（䷭）的主旨。人的一生，除了提升倫理道德之外，其餘都不過是手段，算不上目的。換句話說，在追求世間一切功名利祿、榮譽成就時，倘若不能同時提升自己的道德修養，可以說完全是空的、虛的，轉眼間就會消失不見了！有了升卦的啟示，我們最好明白：學業的充實、道德修養的提升，都應該從日常生活當中，逐漸點滴累積而成。

六五爻辭：「貞吉，升階。」小象說：「貞吉升階，大得志也。」六五陰柔，怎麼能夠高居尊位？主要是下應九二、上下互信，使得當時的賢良人士，全都隨著九二而升進。六五雖不當位，卻由於秉持正當的升道，而得以安居尊位了。然而六五畢竟並不當位，倘若對九二的信心不足，豈不是亂了全局？六五變爻即為井卦（䷯），象徵井水是活的，有水會變成無水，而可飲之水也會變成毒水。六五若是不信任九二，很可能君位也會因此產生動搖。「貞」的意思，在這裡為堅固。「貞吉」便是堅固六五與九二的相應，才能吉祥。否則很可能變成不吉，必須預為防止。身為君王，應該促使天下求升進的人士，都有其梯級，以便能夠循序漸進，各安其位。「貞吉，升階」，便是居於六五與九二的剛柔相應，使升進的階梯順暢。六五自己登峰造極，當然也是大為得志。在升卦六爻之中，以六五爻辭「升階」最為吉利。可見升進之道，有賴於賢明領導者的開明與信任，能夠知人善任，才能順暢。

升 ䷭

46

六五，貞吉，升階。

六五下應九二，又居上坤中位，秉持正當升道，即使不當位，也能穩居尊位。爻變成井卦，象徵井水是活的，有水可能變成缺水，甚至於枯水、無水；原本可飲，也可能變成有毒，而使人不敢飲用。六五若是不信任九二，君位很可能因此發生動搖。「貞」的意思是堅固。「貞吉」即指六五與九二的關係，必須堅固才能吉祥，升進的階梯也將因而順適暢通。

上下同心、互相信任，升道自然順適暢通。

六．只有德業可以升而不息

〈雜卦傳〉說：「萃聚而升不來也。」萃卦（䷬）為會聚，升卦（䷭）上升而不下來。天下事原本有升有降，但是上台容易下台難，有時甚至被腰斬成兩段，根本就下不了台。上台靠機會，下台就應該要靠智慧。升卦以農作物的生長情況——種子播於地下，相聚成群而發芽，正是初六「允升」。然後天降雨露，靠天庇祐而得以生長。只要一切正常，就像進入空城般暢通無阻。一直到秋季收穫，類似上六的「不息之貞」。六爻循序漸進，真的是上升而不下來，否則當年的欠收，豈不是人們的不幸？我們求進升，同樣希望不要被降下來，所以上六的情況，實在不容忽視。

上六爻辭說：「冥升，利于不息之貞。」小象說：「冥升在上，消不富也。」「冥」是暗昧（ㄇㄟˋ）的意思，「冥升」即是昏暗的升進。事實上，凡有升便有其極限。上六當位，卻以陰柔之質居陰柔之位，當然暗昧（ㄇㄟˋ）。又居於全卦頂端，象徵升進到了極端，自然應該知道止息。「不息之貞」，便是適可而止的警語。倘若到了這樣的地步，仍然要求不息地升進，其結果必然是下降，反而不好。有人認為：君子不是應該「自強不息」嗎？為什麼升卦上六反而「利於不息之貞」呢？這是因為德業才是可以終生不息的，而事業則最好有個段落，以便合理安排接班人，使其得以持續發展。上六爻變為蠱（ㄍㄨˇ）卦（䷑），象徵「冥升」的結果，很可能腐化敗壞。「消不富」的意思，便是喪失已有的地位而不富裕。〈繫辭．上傳〉指出：「富有之謂大業。」富裕在這裡代表的是大業，「消不富」即為保不住大業。上六偶爻中虛，虛則不實，不實就容易消失，豈不是到頭來一場空嗎？

升 ䷭
46

上六，冥升，利于不息之貞。

「冥」指暗昧，「冥升」即昏暗的升進。上六當位，卻以陰柔之質居陰柔之位，當然是「冥升」。「不息」為不知止息。上六來到升卦頂端，當然應該知止，適可而止才是正道。倘若到了這樣的地步，仍然要求不息地升進，最後結果就是物極必反、向下降落，豈不是不利？上六爻變為蠱卦，象徵「冥升」的結果，很可能是腐化敗壞，到頭來一場空！

只有德業可以恆久上升，其餘都應該適可而止。

我們的建議

1 升卦（䷭）代表人類自強不息的動力，對文明的發展、文化的傳承，都非常有幫助。人人求升進，社會才會進步。但是「一陰一陽之謂道」，凡事有利必有弊。「強凌弱、眾暴寡」的不良後果，必須預先防範，以免全功盡棄。

2 有鑑於此，把上進心分為「德業」和「事業」兩部分，應該是較為妥善的方式。「我欲仁，斯仁至矣！」表示德業的追求，是無止境的，可以終生求取上進；然而「盡人事以聽天命」，則代表事業的升進，不妨適可而止，不必苦苦追求，勞碌至死！

3 品德修養，必須終其一生都自強不息；功名利祿，最好居高思危，不要過分追求。因為機會有限、資源不足，任何人倘若貪得無厭，最後結局總是對自己相當不利。

4 「水往低處流，人望高處升」，看來人比水辛苦得多。「智者樂水」，是不是人也應該向水學習，才算明智？攀權附勢，固然可以獲得相當好處，但心志易亂，那就不免令人憂心害怕了！

5 升進的原則，說起來相當簡單，就是誠信務實。巽(ㄒㄩㄣˋ)體卑就而下，坤所以順時上升。九二以剛中的道，與六五的柔中相應，能巽(ㄒㄩㄣˋ)順而以時上升，所以大為亨通，不必憂慮。

6 人若是冒險求升進，就很容易被利用，最後被關進牢獄，還是得自作自受。盲目求升進，一生都將成為別人利用的工具。真正的「升」，關鍵在於一個「積」字，善不積不足以走上升的正道。

《第十章》

萃和升
有哪些卦中卦？

「卦中卦」的意思是卦中含有某些卦，
由於暗伏在卦的內部，所以也稱為「暗伏卦」。

一卦六爻，內部交互構成，可以成為五個卦，
這五個卦中卦，可以統稱為本卦的「內互卦」。

萃卦有剝、觀、漸、咸、大過五個內互卦；
升卦則有大過、恆、歸妹、臨、復五個內互卦。

這些卦中卦，在分析爻位時是一種工具，
可以幫助我們對本卦的內涵，有深一層的認識。

本卦六爻中，任何相比鄰的三個爻，
也可以看做一個卦象，稱為三畫的互卦。

若是再加上本卦的錯卦、綜卦、交卦，
就能更加擴大解說範圍，有助於決策的形成。

一、萃卦有五個六爻卦中卦

萃卦（䷬）表現凝聚的動力。要凝聚什麼？凝聚成什麼樣子？凝聚起來做什麼？會產生什麼樣的後果？情況相當複雜，變化也很大，其中有五個六爻卦中卦，可供參考。

初至四爻，構成剝卦（䷖），卦辭只有一句話：「不利有攸往」。凝聚時很有力量，也十分光彩；一旦聚極而散，力量單薄，相對之下必然痛苦不堪。聚錯了人、時機不對，被人利用或架空，由萃轉剝，當然就「不利有攸往」了。

初至五爻為觀卦（䷓），萃得好大有可觀，萃得不好怎麼辦？被大家捧得高高地，只能觀望，卻無力從事任何實際工作。現代人把這種情況稱為「樣板」，中看卻未必中用。

二爻至五爻，互為漸卦（䷴），表示就算聚集起來的是精英，也應該秉持漸道而行——順乎自然而非聽其自然，循序漸進而不急功冒進。從鴻雁的群體排列有序、寒來暑往，其飛行與季節的漸進相合，才不致招來禍害中得到啟示。對於精英分子而言，持中守正而漸進，實在非常重要，不可輕忽。

二至上爻，構成咸卦（䷞），表示人以群分，除了同道的吸引之外，還需要合理的人情來溝通、協調，使彼此的人倫關係更加穩妥而堅固，以免由於誤解、失和、衝突，造成派系之爭，分散了力量，更傷害了感情。

三至上爻，便成為大過（䷛）。由於志同道合，加上交情深厚，導致這一群人的所作所為，經常大大地過分。萃卦卦辭有兩個「亨」，實在非常難得，千萬不要自我膨脹，弄得太過分了，反而辜負了萃的帝王大道。

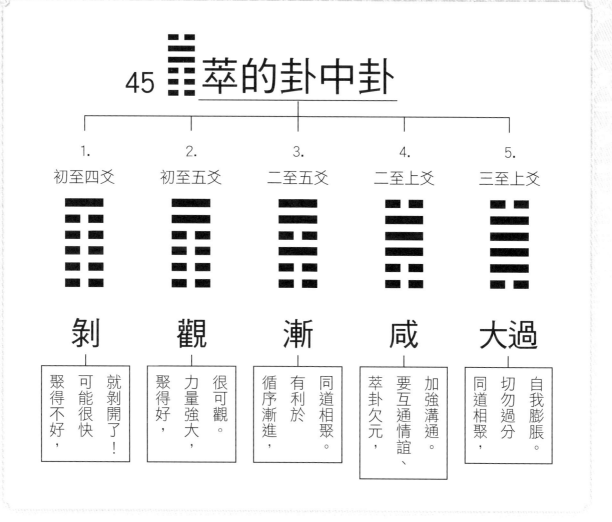

45  萃的卦中卦

1. 初至四爻 **剝**：就剝開了！可能很快聚得不好，
2. 初至五爻 **觀**：很可觀。力量強大，聚得好，
3. 二至五爻 **漸**：同道相聚。有利於循序漸進，
4. 二至上爻 **咸**：加強溝通。要互通情誼、萃卦欠元，
5. 三至上爻 **大過**：自我膨脹。切勿過分同道相聚，

二、升卦同樣有五個互體卦

升卦（䷭）表現攀登的力量，無論是道德的提升、學問的充實、能力的增進，都應該在實際生活當中，點點滴滴逐漸累積而成。所以意志力、體力、耐力，成為主要的條件。初至四爻，構成大過卦（䷛）。升卦卦辭只有「元亨」，卻沒有「利貞」，提示我們：經過萃卦（䷬）的聚集菁英同道，有了元亨的優勢，很容易一下子衝過了頭，犯了大過。因此必須目標正大光明，才能「用見大人」，所以說：「南征吉」。

初至五爻為恆卦（䷟），提醒我們：應該目光長遠，追求長期的「允升」，而不是盲目追逐短利、近利，以致很快就來到「冥升」，這才後悔當初缺乏恆心，可惜已經太遲了！

二爻至五爻，互成歸妹卦（䷵），表示升卦要求利貞，必須謹守歸妹之道。不論怎樣升進，都應該遵守長幼先後的倫理。倘若感情用事，但求自己的升進，不關心同僚的感覺，務請留心歸妹卦卦辭所揭示的「征凶，无攸利」。同僚之間，往往為了升進而反目成仇，導致內部的惡鬥。

二至上爻，成為臨卦（䷒），表示大家都想升進，勢必引起君子與小人之爭。必須仿傚樹木那樣，順其自然循序而進，不宜揠苗助長，因此需要合理的監臨，以免原本是「元亨利貞」的好事，卻導致「至于八月有凶」的不良後果。

三至上爻為復卦（䷗），表示在升進的過程中，萬一出了差錯，最好保持謹慎的態度，隨時注意狀況的變化，努力加以改善、補救。抱持東山再起的心態，以期達到始動而能順的效果。也就是善用復之道來善補過，修復升之道。

46  升的卦中卦

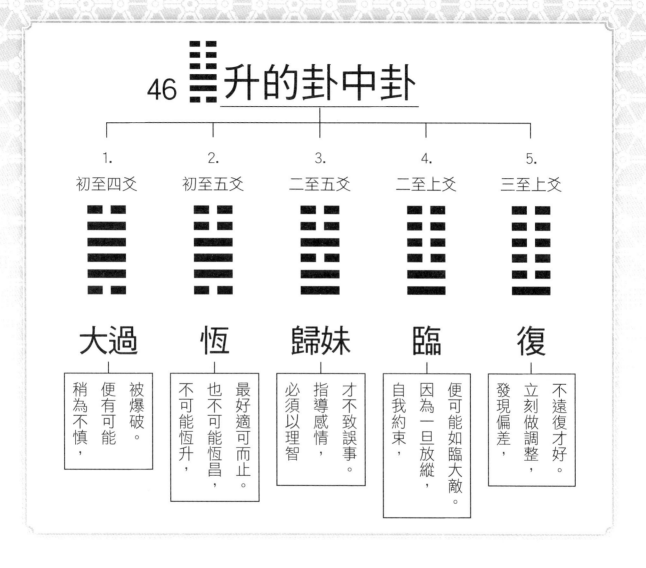

1. 初至四爻　大過
稍為不慎，便有可能被爆破。

2. 初至五爻　恆
不可能恆升，也不可能恆昌，最好適可而止。

3. 二至五爻　歸妹
必須以理智指導感情，才不致誤事。

4. 二至上爻　臨
自我約束，因為一旦放縱，便可能如臨大敵。

5. 三至上爻　復
發現偏差，立刻做調整，不遠復才好。

三．萃是兌宮最重要的關鍵

兌（☱）的象：一陰爻在上，柔性似水；二陽爻在下，牢實如地。有如儲水的湖澤，可以滋潤萬物。當人物受到滋潤時，心中必然喜悅。「兌」有「悅」的含義，下兌上兌重成麗澤卦，也就是兌卦（䷹），那就更加難掩喜悅之情了。

喜悅有一陽必有一陰，表面的、虛假的喜悅，很快就造成「澤無水」的困境。所以兌宮的一爻變，立即出現困卦（䷮），卦辭：「貞大人吉。无咎。」表示君子處困，和「小人長戚戚」不一樣，必須以坦蕩蕩的心情來聚集人才，力求脫困。因此兌宮二爻變即是萃卦（䷬）：「澤上於地，萃；君子以除戎器，戒不虞。」這時候最需要的，是上下之情沒有隔閡，務求舉國同心，才能萃而能亨。兌宮三爻變，即為咸卦（䷞），表示澤在山上，高山純潔無瑕的水，不為他物阻礙而有所偏差，可以自然地感應各方。彼此相悅呼應，形成良好默契，便是萃道的安全保障。然而眾人相聚，難免會有不同意見，由不平而引起爭執，以致結成派系，有如水被困在山上，喪失了澤的功能。兌宮四爻變，即是蹇卦（䷦），象徵遇險止步，不能前進，喜悅之情蕩然無存，上下都沒有兌（☱）的形象。最好的補救方式，便是自我反省，謙虛、退讓地自我調整，所以兌宮五爻變，成為謙卦（䷎）。反省的結果，要表現在行為變易，才有實際效果，因此遊魂卦即為有過必改的小過（䷽），以免鑄成大錯。接下來是歸魂卦，那就是歸妹（䷵）。能不能恢復內心的喜悅、保持兌宮的精神？關鍵即在萃道的發揚是否及時而合理。

兌(ㄉㄨㄟˋ)宮八卦

本卦	一爻變	二爻變	三爻變	四爻變	五爻變	遊魂	歸魂
兌(ㄉㄨㄟˋ)	困	萃	咸	蹇(ㄐㄧㄢˇ)	謙	小過	歸妹
䷹	䷮	䷬	䷞	䷦	䷎	䷽	䷵
麗澤，難掩喜悅之情。	表面、虛假的喜悅，很快就陷入困境。	上下情誼相通，同心協力，萃而能亨。	彼此相悅呼應，形成良好默契。	不平而鳴，派系之爭。	自我反省，謙虛退讓。	有過必改，可免鑄成大錯。	堅持萃道，恢復內心喜悅。

兌的關鍵在萃。

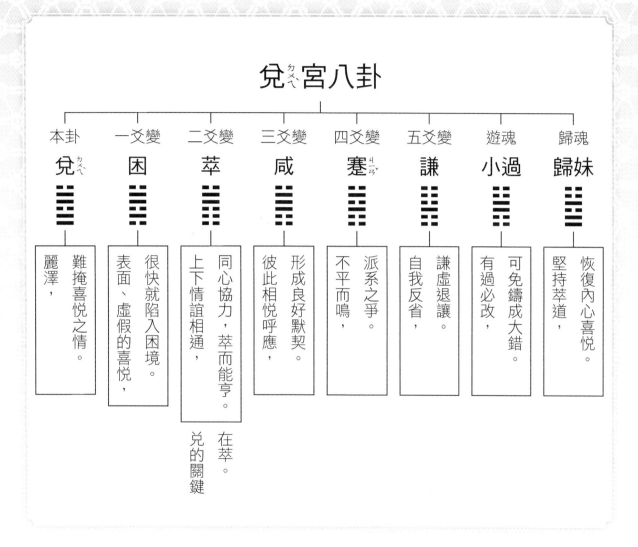

四、升是震宮最危險的信號

震（䷲）的卦象，一陽爻在兩陰爻的強力壓迫下，已經蓄積一股巨大的能量，等待機緣成熟，立即爆發。於是陰陽電相觸而產生強光巨響。相當於雷電交加，促使萬物因而甦醒。下震上震組合成為洊雷震卦（䷲），雷聲隆隆、震光閃閃，使人心驚膽跳，有如晨鐘暮鼓，令人反躬自省。

自省無過，或自覺有過而知所懺悔，自然安和喜悅，有如雷出地上，使人心情舒暢，所以震宮一爻變成豫卦（䷏）。倘若不知反省，或者自知有過失而不能悔改，以致每逢雷電交加，必然心生不安。這時最需要的是破解心結、誠心改過，以解除心中的煩惱，因此震宮二爻變，就成為解卦（䷧）。改過之後，最重要的是不再犯。解除煩惱之後，最好不要再自尋煩惱。震宮三爻變為恆卦（䷟），告訴我們：對自己持有「雷厲風行」的決心，才能持之有恆地自我改造、堅守本分。如此一來，我們便能順利地提升品德修養，所以震宮四爻變，就出現升卦（䷭）。在學業充實、品德提升的同時，也忍不住想要升官發財，這是升卦最危險的信號，也是最不容易跨越的關卡。一不小心，就會掉入井中。所以震宮五爻變，接著便是井卦（䷯），讓我們在井水的常德中，體會震的動力，原本是先強（一陽）後逐漸減弱（二陰），必須蓄積永恆的決心和堅強的毅力，才能犯大過，做出非常事業。震宮遊魂大過卦（䷛），是升得好不好的嚴格考驗；歸魂隨卦（䷐），則是升得好不好的效果。做出有利人群社會的大業，又獲得大眾的追隨，當然「南征吉」了！

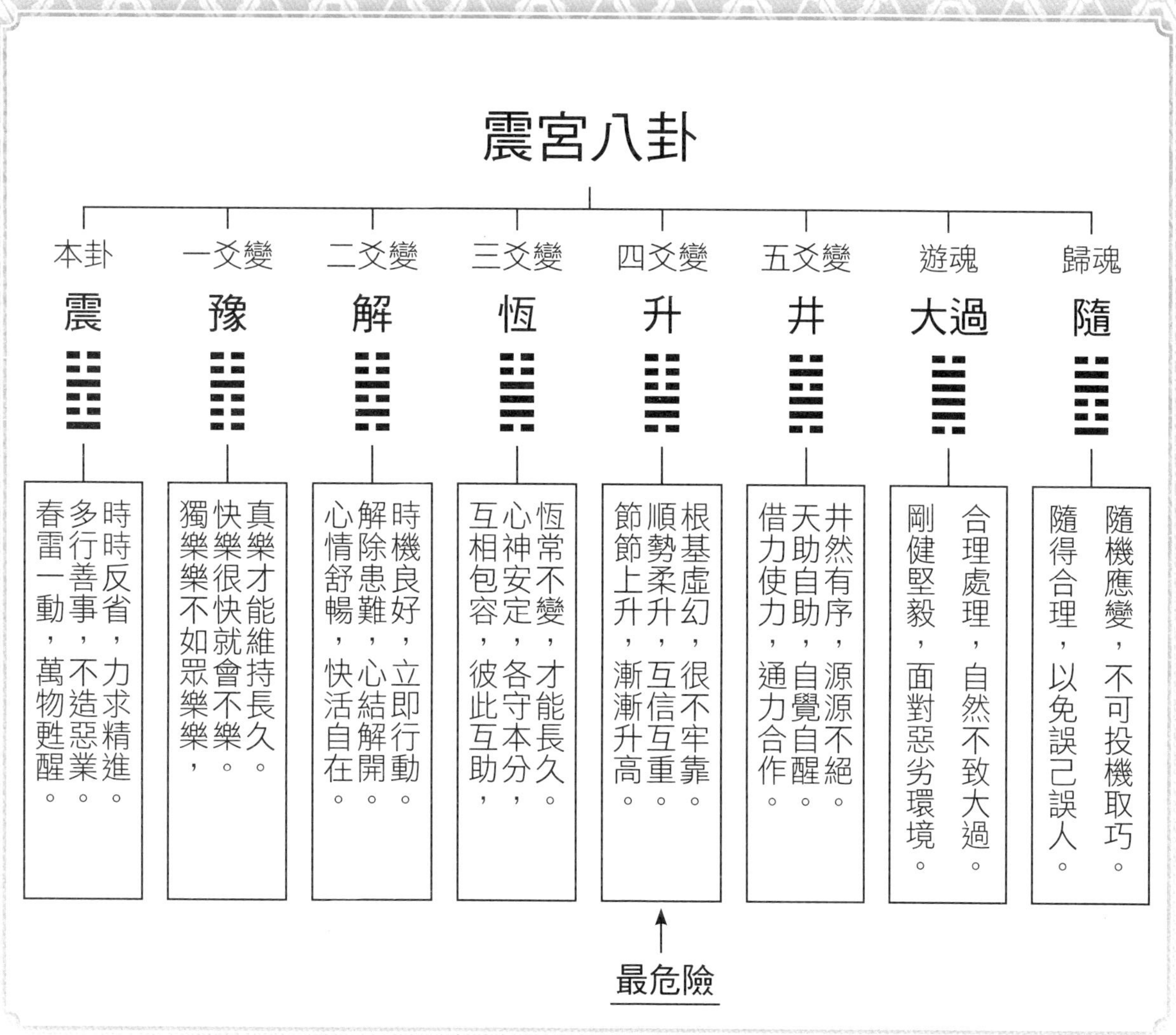
震宮八卦
本卦
震
時時反省，力求精進。
多行善事，不造惡業。
春雷一動，萬物甦醒。
一爻變
豫
真樂才能維持長久。
快樂很快就會不樂。
獨樂樂不如眾樂樂，
二爻變
解
時機良好，立即行動。
解除患難，心結解開。
心情舒暢，快活自在。
三爻變
恆
恆常不變，才能長久。
心神安定，各守本分，
互相包容，彼此互助，
四爻變
升
根基虛幻，很不牢靠。
順勢柔升，互信互重。
節節上升，漸漸升高。
五爻變
井
井然有序，源源不絕。
天助自助，自覺自醒。
借力使力，通力合作。
遊魂
大過
合理處理，自然不致大過。
剛健堅毅，面對惡劣環境。
歸魂
隨
隨機應變，不可投機取巧。
隨得合理，以免誤己誤人。
最危險

五、遊魂歸魂都能推理判斷

本宮卦上卦中爻變，下卦三爻皆變。換句話說，本宮卦的初、二、三、五爻齊變，只剩四、上爻不變，就成為這一宮的遊魂卦，象徵稍微不小心，就會變成別宮的卦了。乾宮本卦為乾（䷀），初、二、三、五爻齊變，即為乾宮的遊魂卦，也就是晉卦（䷢）。震卦（䷲）的初、二、三、五爻齊變，便成為震宮遊魂大過卦（䷛）。坎卦（䷜）上卦中爻變，下卦三爻皆變，構成坎宮遊魂明夷卦（䷣）。艮卦（䷳）上卦中爻變，下卦變成錯卦，即出現艮宮遊魂中孚卦（䷼）。坤卦（䷁）初、二、三、五爻齊變，便成為了坤宮遊魂需卦（䷄）。巽卦（䷸）的四、上兩爻不變，其餘全部改變，那就是巽宮遊魂頤卦（䷚）。離宮遊魂訟卦（䷅），兌宮遊魂小過卦（䷽），和其它六宮的變法完全相同，很容易快速類推。

本宮卦第五爻變，其餘各爻不變，即成這一宮的歸魂卦。或者將本宮遊魂卦的下卦，變回本宮卦的原貌，便出現這一宮的歸魂卦，象徵君位主魂若能恢復，便回歸本宮卦了。乾宮本卦為乾（䷀），第五爻變即成歸魂大有（䷍）。震卦（䷲）上卦中爻變，便成為震宮歸魂隨卦（䷐）。坎卦（䷜）第五爻變，那就是坎宮歸魂師卦（䷆）。艮卦（䷳）上卦中爻變，出現艮宮歸魂漸卦（䷴）。坤卦（䷁）第五爻變，坤宮歸魂比卦（䷇）立即顯現。巽卦（䷸）的上卦變成艮卦（☶），巽宮的歸魂卦，也就是蠱卦（䷑）馬上推出來了。離卦（䷝）第五爻由陰變陽，離宮歸魂同人卦（䷌）於焉出現。而兌卦（䷹）上卦中爻由陽變陰，便是兌宮歸魂歸妹卦（䷵）了。

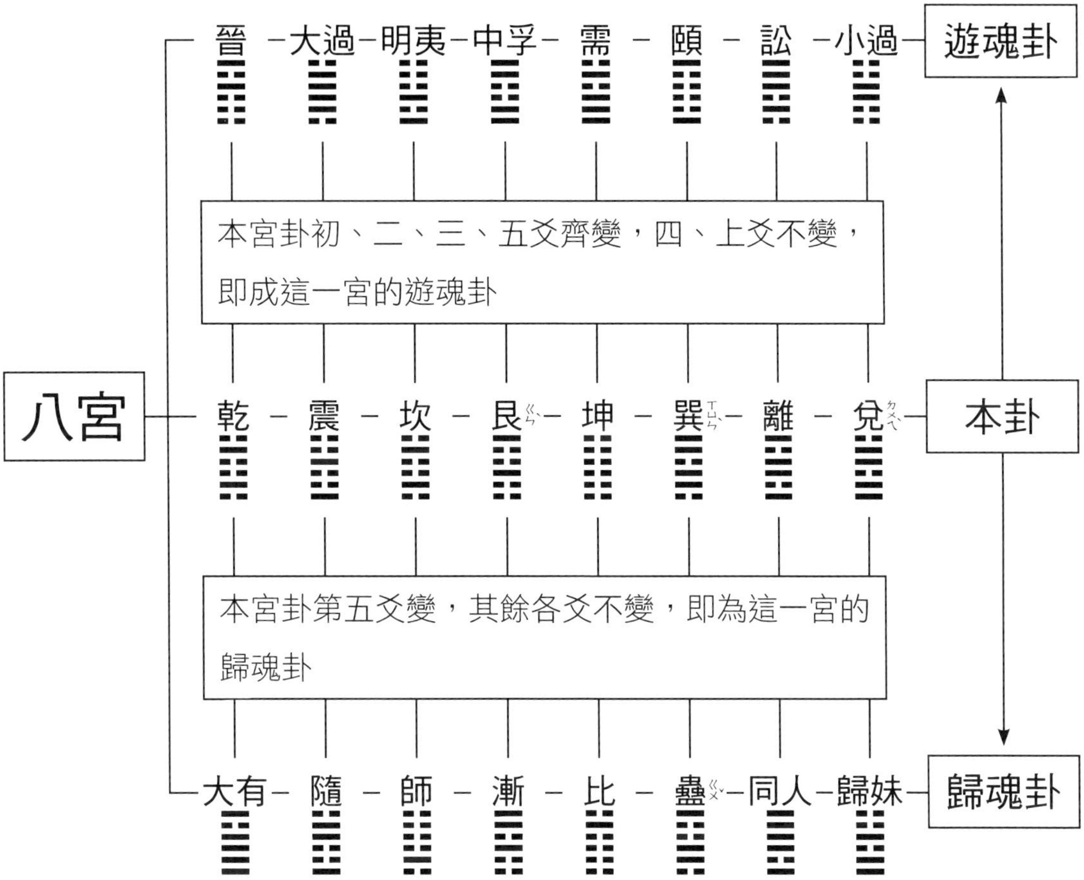
八宮
晉 大過 明夷 中孚 需 頤 訟 小過
遊魂卦
本宮卦初、二、三、五爻齊變，四、上爻不變，即成這一宮的遊魂卦
乾 震 坎 艮 坤 巽 離 兌
本卦
本宮卦第五爻變，其餘各爻不變，即為這一宮的歸魂卦
大有 隨 師 漸 比 蠱 同人 歸妹
歸魂卦

六、升不來與萃聚重大啟示

〈雜卦傳〉說：「萃聚，而升不來也」。

「萃」的意思是聚，把精英聚集起來，就叫做「精英薈萃」。怎樣聚集呢？萃卦（䷬）卦象下坤上兌(ㄉㄨㄟˋ)，象徵上面的精英口才很好，說得頭頭是道；下面的群眾聽得耳朵很順，樂於追隨。但是萃卦（䷬）畢竟和比卦（䷇）不同，前者有九五、九四兩個陽爻，代表精英不限於九五，九四也算，所以「聚」，便是「聚集不同來源的精英」。無法像後者那樣，全卦只有九五這一個陽爻，象徵唯一的精英，權勢集中而不分散。「比樂」，而萃只是聚卻不一定樂，因為九五和九四之間，未必完全沒有矛盾，所以不能像比卦（䷇）那樣，一呼百諾、萬眾一心。萃卦（䷬）必須「利見大人」，有德高望重的領導人，還需要有豐沛的資源，才能「利有攸往」。

「升」為什麼「不來」呢？因為升卦（䷭）和泰卦（䷊）相比較，就差初爻尚未由陰轉陽而已。依易象慣例，爻的運動由上而下，也就是由外往內，就稱為「來」。現在升卦（䷭）上卦為坤，三爻皆陰，並沒有陽爻可以下來。所以「升不來」的主要原因，即在初六是空虛的、鬆動的。升得愈高，其實愈危險。升卦（䷭）卦辭特別提示「用見大人」，「用」指自己的資源不夠，必須借力使力，利用他人的資源來完成任務。升卦（䷭）前為萃卦（䷬），後為困卦（䷮），象徵先要在聚集時擺平所有的矛盾，以免升時造成障礙。而且「升而不已必困」，最好能夠事先防患。萃卦「利見大人」，升卦只能「用見大人」，可見升要避免困，務須獲得更多人的支持。

萃 45 ䷬ → 升 46 ䷭ → 困 47 ䷮

萃 45 ䷬

上兌(ㄉㄨㄟˋ)象徵：
精英口才很好；
下坤表示：
群眾樂於追隨。
九五和九四
最好同心協力，
倘若意見分歧，
那就要內鬥了。

升 46 ䷭

聚集力量，
柔以上升。
初六陰爻，
空虛鬆動。
用見大人，
並非利見大人。
利用他人資源，
必須適當回饋。

困 47 ䷮

窮苦、艱難，
處處挨打。
處困之道，
務實為要，
從哪裡跌倒，
就從那裡站起來。
君子固窮，
小人窮斯濫矣！

我們的建議

1 卦中卦就是互體卦，由一個六爻卦的初、二、三、四；初、二、三、四、五；二、三、四、五；二、三、四、五、上；以及三、四、五、上等爻，分別構成上互、下互，然後加以組合而成。通常一個重卦，含有五個卦中卦。

2 每一個六爻卦，由初至上，任何一爻由陰變陽，或由陽變陰，都會變成另外一個卦。每一個重卦，都有六個爻變的卦。由上而下有如路況，由下而上啟示「走得合理有效的道理」。唯有親自體驗，才能深入領悟其中的奧妙。

3 每一個卦，都有其錯卦、綜卦，也都安排在八宮之中，以及六十四卦的卦序當中。可以綜合研判，增加卦爻的內涵，豐富其變化的方式。果真是「剛柔相推，變在其中矣」！

4 既然如此，我們不妨把吉凶擺在一邊，從剛柔的變化中，推知大自然的規律，相信很快就會領略「大道至簡」、「易經真的很容易」的道理。人生時間寶貴，何苦自己鑽牛角尖，然後大呼其難呢？

5 試著自行選定一個重卦，當作人生的目標。常常賞玩這卦的卦爻辭，想像自己所處的情況，怎樣才能逐步向這個卦靠近？只要循序漸進，必然愈來愈有希望。

6 用心朝向既定的那個卦邁進，即為「心易」，也就是用心透過易理，來修治自己的人生。怎樣選定這一個卦呢？我們就留待下一本書《革故鼎新好創意》中加以討論。

結語

一幅畫能不能傳世，端視它有沒有靈氣？一個人有沒有創造力，也是看這個人有多少靈氣？靈活、靈光、靈巧，是我們共同推崇的活力，更是我們心嚮往之的神氣。

我們常說中國人不能驕傲，以免驕者必敗。然而中國人可以很神氣，因為我們的祖先，留給我們這麼難得的寶貝，總括一個字，就叫做「一」。我們常說「一即一切」、「一切都是一」。老子說「聖人抱一為天下式」，孔子說「吾道一以貫之」，司馬遷指出「數生於一」，都是這個「一」字，也就是我們之所以神氣的總根源。

《道德經》第三十九章說：「昔之得一者，天得一以清，地得一以寧，神得一以靈，谷得一以盈，萬物得一以生，侯王得一以為天下貞。」「一」為萬數的開始，「道」為萬物的根基。老子用「一」來譬喻「道」，「抱一」便是守道，而「得一」即為得道。自古以來，我們更認為「道」是天地萬物生成的本體，也就是根源。「一」是「道」的代表，天得道才清明，地得道才寧靜，神得道才虛靈，谷得道才充盈，萬物得道才化生，侯王得道才成為天下的準則。反過來說：天不能清明，恐怕就將崩塌；地不能寧靜，恐怕即將覆滅；神不能虛靈，恐怕就會消失；谷不能充盈，恐怕便會枯竭；萬物不能生長，恐怕就會瀕臨滅絕；而侯王不能為天下準則，恐怕就會喪失權位。古聖先賢較有靈氣，因為堅持抱「一」而不敢稍有懈怠。現代人靈氣愈來愈少，由於偏向「二」而匠氣愈來愈盛。

「二」撕裂了「一」成為「器」，現代稱為「專業」，往往「只知其一，不知其二」，所以不能通。「一」內涵「二」，稱為「樸」，象徵未經雕琢的木，尚未開鑿的原石，也就是「純真」的意思。「樸」在成「器」之先，因為未加雕鑿，所以不成為「器」。正由於不成為某一種器，所以能夠成為一切器，最為難得可貴。我們生而為人，除了本能的需要以外，難免還有其他欲念。當「欲」將起未起，渾然自然无為，不顯出有為的指向時，那就是「樸」。老子常以「嬰兒」為譬喻，說明人生型式未定，不自為卻可為一切。任何人只要少私寡欲，就近乎「一」了。

現代人最好先改變「能動不能靜」的習慣，從靜下來一分鐘著手，培養出靜的能力，使「剛」強的氣減損一些、再減損一些，體會老子所說「弱者道之用」的效果。「靜」加上「柔」、「弱」，靈氣就恢復了。接下來逐漸純樸自然，能夠妥當地遮蓋自己的成就，而不誇耀於人，甚至於故弄玄虛，那就是不違背自然，卻能夠順乎自然而無不為了。一切順乎自然，即使有成就，也是自然的成就，哪裡有什麼「創新」？哪裡有什麼值得誇耀的呢？

現代人最可怕的習慣，便是盲目地求新求變，以致亂變而不自知，因此也不能自律。儘管天地不失序，人卻嚴重地失序，弄得天地也大受影響，而屢屢失常。

「解讀易經的奧祕」系列叢書，還有最後一本，我們將會針對這個愈來愈普遍、愈來愈嚴重的課題，提出一些建議，因此取名為《革故鼎新好創意》，期能幫助讀者釐清什麼「可變」、什麼「不可變」，以「持經達變」、「萬變而不離其宗」的精神，務求變得更好、更善、更合理，唯有如此，才有可能日新又新，生生而不息。

《附錄》

二十一世紀最好以哲理明天道

一、易理永遠與時俱進

〈繫辭．下傳〉說得十分明白：「不可為典要，唯變所適。」《易經》既然是一部經世致用的書，我們每一代人，應該都可以加以應用。因為它所說的「一陰一陽之謂道」，永遠不會止息。但是陰陽不斷推移運動，陽剛與陰柔也互相變易，所以我們不能夠拘執於某種模式、型態、定規，必須隨時做出合理調整。永遠與時俱進，真正地活用易理。

孔子告訴我們「學則不固」，意思是學到任何事理，不可以立即相信，也不應該馬上加以否定。最好把所學到的，當做是多一種參考。然後用心分析、細心比較，以便必要時「擇善固執」——從腦海中所儲存的多個參考方案中，抉擇出此時、此地最為合理有效的方案（擇善），然後堅定地加以運用（固執）。

從「學則不固」到「擇善固執」，為時的久暫，便是一個人為人處事的功夫，高低有所不同，而其品德修養，也各有差異。才德兼備，自然能夠拿捏得恰到好處，可保无咎。其共同法則，人人都必須遵守，那就是「持經達變」。

易理為「經」，永恆不變；而當下所採取的方案是「變」，幾乎每一件事，都會有不一樣的地方。我們常說「以不變應萬變」，即是易理的原則不變，而易理的應用萬變。也可以解釋成「秉持不變的原則，來因應萬變的現象」。

老子所說「禍兮福之所倚，福兮禍之所伏」，即指不變的易理。至於「孰知其極」，誰知道這種變化的究竟呢？老子認為答案是「其無正」，那就是我們常常掛在嘴上的「不一定」。正可能變邪，善可能變惡。其中變化的道理，長久以來，總是讓我們感到迷惑，無法明白。所以即使人人都與時俱進，大家都持經達變，結果仍然相差甚遠。

《易經》六十四卦的大象，稱「先王」的有比（䷇）、豫（䷏）、觀（䷓）、噬嗑（䷔）、復（䷗）、无妄（䷘）、渙（䷺）等七卦；稱「上」的，只有剝卦（䷖）；稱「大人」的，也只有離卦（䷝）；稱「后」的，有泰（䷊），姤（䷫）兩卦，其餘五十三卦，全都以「君子」著稱，並沒有出現「小人以」的字樣。「易為君子謀，不為小人謀」，便成為大家自我警惕的「不言之戒」，因而不敢隨便占卜，更不願意鐵口直斷，以免測不準時，被譏笑為小人而百口莫辯。

孔子說：「不占而已矣」，用意在勉勵大家立志於行善，致力於自己的品德修養，使自己早日成為君子。文王所指稱的「小人」，不過是缺乏君子德業抱負的庶民，不足以成大事。到了孔子，卻變成敗德的人。在孔子心目當中，「君子」與「小人」一為善，一為惡；一為成德之人，一為敗德之人，更加重了道德的成分，形成「正」與「邪」的強烈對比。

君子：周而不比；和而不同；喻於義；泰而不驕。

小人：比而不周；周而不和；喻於利；驕而不泰。

「君子上達」，主要表示道德修養的向上提升，果真在這方面有重大成就，便成為「大人」。「君子」如果是進行式，「大人」就應該是君子成德的境界，成為最高的典範。

二、與時俱進必須向上提升

《易經》十分重視「時」的變化，我們可以說六十四卦都和「時」有密切關係。三百八十四爻中，有得位而吉，也有失位而吉；有當位而凶，也有不當位反而吉的，便是受到「時」的影響。由於卦義多於「時」，而爻義多於「位」，所以「時」、「位」固然同等重要，但「時」的影響力仍然大於「位」。

既然要與時俱進，就應該把握二十一世紀的「時義」到底有什麼特性？明白了「時義」，才能合理發揮「時用」。「時義」和「時用」，前者重「義」而後者重「用」。隨卦（䷐）彖ㄊㄨㄢˋ辭說：「隨時之義大矣哉！」提醒我們：必須隨著時義的變化，玩而識之，以便合理而有效地調整時用。

二十一世紀的時義，特色在於：重視科學而輕忽人道。

現代化管理，使「人」只有「位格」，而喪失了「人格」。大家不擇手段地爭取「位格」，對於「人格」的提升，幾乎到了漠不關心的地步。往昔對於道德重振的熱情，已經消失殆盡。「德本才末」的觀念，愈來愈為「才能至上」所取代。

現代人醉心追逐「創新」，無時不忘「求新求變」，所造成的惡果，實際上已經相當明顯。卻由於科技進步，不得不依賴「創新」和「求新求變」這兩個主軸，以致「人心思變」，社會動盪不安。愛好新奇，騙局層出不窮；市場導向，使得各種花樣不斷翻新；電子簡訊，充滿斷章取義的錯亂。我們十分擔心：真正做學問的人消失了！各行各業，包括學術界的詐騙集團，勢必日愈增多。

既相信自由市場，又依賴市場導向，加上求新求變，就必然掉入老子所警示

「不知常，妄作凶」的陷阱。而最可怕的，則是傳播與重視「收視率」，大眾又相信那些不知道是真的還是假的，以及看起來是真，實際上卻是假的「假象」。把「數字會說話」奉為信條，結果迷惑了自己，也危害了社會。

不重「經」、不知「常」，老人的地位自然低落；重視「技術」、熟練「操作」，又能「求新求變」，於是年青人的優勢日顯。偏偏二十一世紀「老人化」的情況，卻是前所未有的嚴重。「愛」的教育，又導致父母不敢管子女，老師不敢管學生，政府也愈來愈不敢管百姓。最後兒童被寵壞了，青少年被慣壞了，壯年人被累壞了，老年人被氣壞了！表面上看起來，各方面似乎都有長足的發展，地球村也即將要完成了。不料「看不見」的部分，卻嚴重地發病，甚至已經到了病入膏肓的程度。這「看不見」的部分，便是大家所輕忽的「人道」。

當前種種異常現象，都是「不人道」的象徵。M型社會，不人道；濫用科技，不人道；完全市場導向，不人道；言論過分自由，不人道；邪教林立，不人道……。

「不人道」該怎麼辦呢？恢復「人道」就好了。很困難嗎？其實不然。只要凡事情理兼重，共同以法為最低底限，在現有的成就上建立共識，抱持「求同存異」的心態，凡事好商量，大家各退一步，不就海闊天空了。

「道」是什麼？孔子說：「一陰一陽之謂道」。老子指出：「道生一，一生二，二生三，三生萬物」。「道生萬物」，萬物都是陰陽變化，從「無」中生出來，終久必將復歸於「無」。所以「道」的本體，可以說就是含「有」的「無」。在天地成為自然規律，在人間則是人倫道德。

二十一世紀的「時義」，既然是「重視科技而輕忽人道」，這時候的「時用」，當然就是提升道德修養，以人道發展科技。因為科技本無罪，問題在於人類濫用科技，這才破壞了「人道」，造成種種的「不人道」，而且這樣的情況正急遽惡化中。

三、孔老並重才能得人道之真

當年伏羲氏不得已才一畫開天，把「道」用「象」呈現出來，導致中華民族很喜歡看「象」，認為：天有天象，稱為天文；地有地象，便是地理；人也有人象，叫做面相，或者擴大解釋為命相。

孔子有教無類，推動民間興學，倡導活到老學到老，使中華民族十分重視學問。格物、致知、誠意、正心、修身、齊家、治國、平天下，無不做成學問，以致學得多、用得少，造成很多兩腳書櫥，滿肚子學問，卻全無用處。讀書人五穀不分，尚有可原，但不明事理，豈能諒解？

老子以《道德經》五千言，首先揭示「道可道非常道，名可名非常名」，來破除我們對「道」、「名」的執著。老子的用意，在以道德化人類，以道德化世界，更寄望以道德化萬世。倘使人人都能信道、行道、修道、證道，人與道合而為一，自然就能合乎「人道」而不致於「不人道」。但是，老子又深恐後人把這教理當成學問來做，會背誦、會傳達，也會依經解經，卻不能知行合一、即知即行，最後還是不會有實際效果，因此他以「道可道非常道」破道執，再以「名可名非常名」破名執，接下來見有破有，見無破無，真的是用心良苦。

人道的要旨，被伏羲、孔子、老子三位古聖說盡了。伏羲一畫開天，孔子以乾的精神發揮易理，而老子則是以坤的精神發揮易理。站在易的基礎，來宏揚儒、道兩家的天道，並將之應用在人道方面，便是我們應該走的道路。

先把易的全體大用打好基礎，再把儒家孔子的人倫常道弄明白，然後依《道德經》的指示遵道而行。三者合一的成果，不僅能夠恢復人道，使科技發展走上正道，世界大同也是指日可待了。

孔老二位先聖，都是把易當作道學看，不僅要學，而且重行。因為修道、得道的目的，應該是行道於天下。

現代由於西方只有「哲學」，沒有「道學」，所以我們不得已才用「哲理」一詞來表達。好在「名可名非常名」，只要大家心中有數就好。總有一天，我們還是要恢復「道學」，因為這才是最貼近我們內心深處的思維，現代人稱之為「文化基因」。

我們最好明白：傳道比較容易，而真正能夠得道的，非常稀少；行道比較容易，但是能夠證道，則十分困難。所以老子警示我們：「使我介然有知，行于大道，唯施是畏。」意思是：倘若一個人真的有那麼一點點獨到的知能，必然會行之於大道。這時候兢兢業業，務必以好施為戒。好施其所知，就是喜歡把那一點點知，拿來亂用。現代人以「知識經濟」為名，幾乎完全無畏於亂用粗淺的知識來害人。

特別是現代網路時代，大家熱衷於傳短訊，但由於自身的文字功力不足，所知又十分有限，因此所傳的，大多是斷章取義，甚至是有心扭曲的東西。偏偏現代人不喜歡走平坦的大道，卻喜歡走捷徑。殊不知捷徑雖快，實際上十分難走，很容易摔跤。可惜現代人摔跤了，還不知道反省改過，依然執迷不悟，以致找藉口、耍小聰明，想盡辦法投機取巧。表面上似乎佔了便宜，實際上卻是勞心費神，吃了很大的虧！

由於捷徑不一定是邪惡的道路，因此很多人在走捷徑時，往往是充滿自信，認為自己走的是正道，意志十分堅決。對於親友的勸阻，根本就聽不進去。所謂的「新新人類」，常自認為這一代對科技的熟悉，遠比上一代為強。既然長江後浪推前浪，走捷徑可以早日接班，對社會人群有利，那麼上一代就不該為了私利霸佔地盤，不如早日換手為好。而教育學者也已經準備好「愛的教育」和「代溝」這兩道大菜，提供這些網路虛擬的奪權者，可以隨時運用。網路時代充滿了一知半解、似懂非懂的快捷求知者，認為任何事情只要一機在手，便是「指手可解」。於是虛實難分，現實生活和虛擬世界分不清楚。往往來回於虛實之間，自己都迷糊不清。結果迷人自迷，害人害己，可憐最終仍不自知。

人道有「道、法、術」三個層次，「法」是行道的規矩，「術」指行道的技巧。現代人重視科學，到了把科學當做宗教的地步，一切非科學不可，因此有術無道，久而久之，規矩也不見了！我們不可能反對科技發展，卻亟需在研究科技之先，把道的哲理打好一些基礎。有道有術，才算是守規矩的科技，不致像某些科學工作者那樣，把科技養育成一頭怪獸，給人類一點點甜頭，反過來便要人類的命。當此「人類終將死於科技」的存亡關頭，必須孔老並重、儒道合力，以求喚醒人類自救。唯有恢復人道之真，才能免於滅亡。

四、人道其實很易知、很易行

「道」如果是「路」，「人道」便是「人所走的路」。只要是人，誰沒有走過？誰不會走？又有誰能不走？誰敢不走？

但是「道」太大了，沒有任何一個人，可以在他的一生當中，把所有的路都走完。所以各人走各自的路，彼此尊重、包容，卻不相互干涉。人人享有各自抉擇的路，互不相干。但是人愈來愈多，道路也愈來愈複雜，各自抉擇的自由，必須受到合理的限制，才能維護合理的安全和效果，在彼此方便的情況下，建立起良好的交通秩序。於是乎人的自由愈來愈小，所受到的約束愈來愈多，人類爭自由的呼聲也跟著響徹雲霄。事實上，現代人的自由程度，可以說是有史以來，空前未有的高。無論從哪一種角度來看，都應該重視《易經》「物極必反」的警示，重新思考過去和未來，尋找二十一世紀應有的自我約束限度，而不是盲目地繼續爭自由。科技愈發達，所產生的後果勢必愈危險，值得大家深思。二十一世紀應該有所返，才是這一世代人研讀《易理》的最重要課題。

換句話說，人類倘若再沿著二十世紀的老路，一路走下去，末日很可能就近在眼前。回頭看看古老的《易經》，及早調整自己的思路，做好「繼舊開新」的準備，並且從實踐中加以體驗。這時若能有所「得」，便是二十一世紀新人類的「德」。以「得」為「德」，原本是中華民族的大智慧，現代人把它發揚出來，適逢其時，也是炎黃子孫當前最大的任務。必須共同努力，才是對全體人類最有價值的奉獻。

現代人看到西方有宗教，不但是全民信仰，而且還有至高無上的主宰神，居於「求新求變」的好奇心，便開始懷疑起為什麼我們沒有這樣的宗教？是不是因此而造成人心不安？

《說文解字》指出：「宗」的意思是「尊祖廟也，從宀從示」。我們的祖先，十分重視宗廟祭祖，希望能藉此彌補為人子孫後輩者，在長輩、先祖生前未能盡孝的愧疚之情。同時也建立起後代子孫世代相傳，永遠不忘根本的正確觀念。宗教對我們而言，應該是崇拜祖先的教化，這點和西方宗教有很大的不同。

我們的宗教，以孝為主。百善孝為先，先人死後還要克盡孝道，這才是祭祀的真正用意。孝並不限於對父母，而是應該向外推展，及於對社會人群有重大貢獻的聖賢，甚至於生育萬物的天地。我們拜天地、拜聖賢、拜祖先，都是孝的一種呈現。從孝做起，多方面提升自己的道德修養，便是中華民族的宗教觀，值得畢生努力，永遠沒有止境。鬼神的觀念，伴隨著祭祀而來。人從道來，死後復歸於道。「歸」與「鬼」同音，意即人歸去叫做鬼。然而人死後軀體歸土，而精神氣息回天，所以鬼降於地而神升上天。我們所說的「鬼神」，和其他宗教所說的實在大不相同。我們認為萬物莫非鬼神的氣所生，所以鬼神是人類的祖先，必須祭祀，互為感應，彼此交流訊息，務求天人合一。

事實上，任何宗教只要倡導孝敬父母、重視道德，中華民族都可以加以尊重包容，可見中國自古以來，便已經充分展現真正的宗教自由。我們以「道」來包容所有宗教，只有對違背良心、不重視道德的邪教，才會加以取締嚴禁。

「人道」可以說是我們的生活方式、生活動力、生活價值，幾乎每一個人，隨時隨地都在應用。我們不過是「日用而不知」，並沒有什麼「難知難行」的障礙或疑慮。能夠從「行中求知」，也就好了。

五、結語與建議

現代人重視哲理，是一種正常的心態。但是哲理的起源，必然是神話傳說經過長久的淬練，才成為了哲理。每一個民族，都有自己的神話傳說，我們不應該以「求新求變」為理由，對其他民族的神話感到好奇，卻盲目指稱自己的神話為荒誕、謬誤、無稽之談而棄如敝屣。一個人若是自幼讀多了西方的童話，唱熟了西方的兒歌，長大以後，就很難成為真正的中國人。

二十一世紀文化交流十分頻繁，更應該先打好自己的文化根基，然後再向外擴展交流，否則很容易被同化而喪失了根本。

中華哲理知易行難，所以不要認為自己已經知道了，而是應該要從實踐中提升自己的體認，一層一層深入，一步一步向上，一寸一寸擴展。不要把哲理當成學問來做，最好是多做少說，以免說多了，還以為自己真的做到了。知行合一，已經十分不容易，真正行道、悟道，尤為困難。

多聽，才能聽到不同的聲音；多想，才能辨別不同聲音的異同；多行，才能實際證明持經達變的奧妙，養成隨時應變合宜的實力。

哲理是活的，應該隨著時、空、人、事而制宜，透過漢字來描述哲理，由於彈性比較大，可以做出多層次的解說，應該更為合適，不但靈活、靈巧、靈通，而且十分具有靈效。難怪我們深信「人為萬物之靈」，必須擔負起更為重大的「贊天地之化育」的神聖任務！

編輯精選推薦

《易經的奧祕》

一本易想天開的絕妙經典

有些書能幫助人們開啟智慧，
這一生至少要讀過一次。
讀完後，你就能明白——
為什麼孔子說：「朝聞道夕死可矣！」
為什麼經典就是經典，無可動搖！

曾仕強著

《道德經的奧祕》

曾仕強解析老子自然無為的人生哲學

老子是中國特別的思想家，能傳授給我們當代最受用的人生哲學。只要懂得「反者道之動、弱者道之用」的宇宙法則，每個人都能把自己生命的插頭，和天地間生生不息的能量源頭相互連結。

曾仕強著

Line@ 官方帳號

曾仕強文化
TSCICHING

書籍洽詢專線：02-23611379 / 02-23120050

《經典傳承》系列

《易經經文班》

Course for the Text of I Ching

《易經》六十四卦、三百八十四爻，並非靜態呈現，而是彼此互動，有快有慢、時時變化。每一卦、每一爻，都是生命的入手處，想要有效學習、深入瞭解，最好能夠從熟悉經文開始。

《易經繫辭班》

Course for the Great Commentary of I Ching

人生長於天地之間，必然會受到天地以及陰陽之氣的交互影響。《繫辭傳》說：「有天道焉，有人道焉，有地道焉，兼三才而兩之。」——所有中國哲學的思考，都沒能超出這個範圍。

《易經》其大無外，其小無內；廣大精微，無所不包，64 卦 384 爻 4096 種變化，是解開宇宙人生的終極密碼。能打造出一個內建《易經》智慧的大腦，等於是和宇宙能量接軌，取之不盡，用之不竭，絕對是您今生最睿智的投資。

古人有言：富不學，富不長；窮不學，窮不盡。人不能不學習，既然要學，就要學最上乘的智慧，才不會浪費時間。曾仕強文化擁有最優秀的黃金師資陣容，課程深入淺出，一點就通。誠摯邀請您即刻啟動學習，一同進入「易想天開」的人生新境界！

《老子道德經》

Course for Lao-tzu's Tao Te Ching

「知人者智，自知者明；勝人者有力，自勝者強。」《道德經》短短五千餘字，談的都是人間行走的智慧。老子告訴我們：先把做人的基礎打好，未來的人生道路，就會比較易知易行。

《孫子兵法現代應用》

Modern Application of Sun-tzu's The Art of Warfare

「善動敵者，形之，敵必從」;「善戰者，求之於勢」。「形」與「勢」，是作戰前必先考量的策略面。《孫子兵法》是中國最早的謀略兵書，能教你佈形造勢，知己知彼，百戰百勝！

《史料未及》

The Unexpected Records of The Grand Historian

針對《史記》近百位歷史人物，結合《易經》智慧做精彩分享。讀經典學觀念，讀歷史學做法，可謂乾坤並重、知行合一。在生命中的某一刻，能與千古智慧相遇，絕對是幸運無比的！

曾仕強

教授

影響華人世界最重要的推手

曾仕強教授《易經》課程教材

本系列叢書為大陸熱銷超過500萬本、台灣各大書局暢銷排行榜第一名《易經的奧祕》同系列作品，文字淺白有趣、大量圖解說明，帶您輕鬆進入易學的領域。感受到：原來《易經》真的很容易！

台灣國寶級大師曾仕強教授以獨步全球的易學解析觀點，幫助讀者輕鬆掌握《易經》簡易、變易、不易的原則，積極管理變化萬千的人生。

Line@ 官方帳號

曾仕強文化
TSCICHING

曾仕強
文化

中國式管理之父，台灣國寶級大師
兩岸三地狂銷500萬本《易經的奧祕》

手機掃描QR CODE
連結至學友專屬
Line@官方帳號

粉絲專頁

facebook 搜尋 曾仕強文化

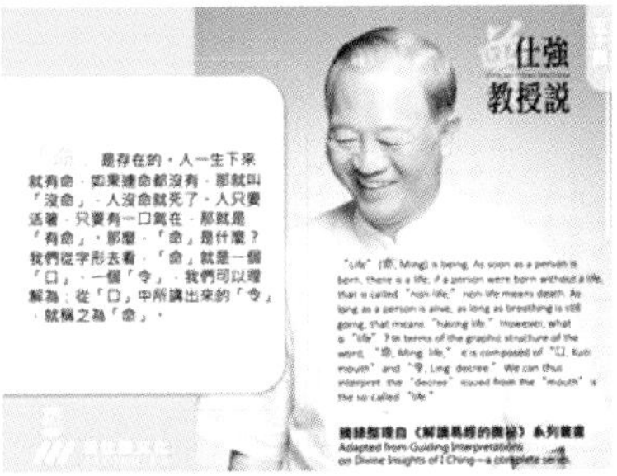

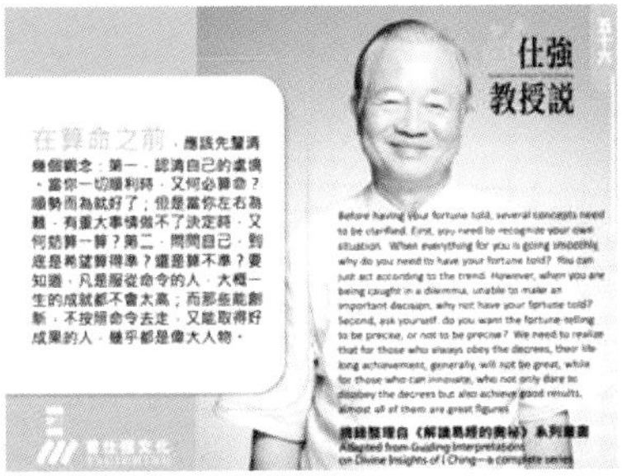

曾仕強文化
TSCICHING

曾仕強教授說 專欄

請上FB曾仕強文化粉絲專頁
一同交流分享易經學習心得